Monika Bylitza

SCHÄTZEKEN, GIB GAS!

MONIKA BYLITZA

Schätzchen, GIB GAS!

SELBSTCOACHING FÜR BERUFLICHE UND PRIVATE ZIELE

neukirchener
aussaat

MIX
Papier aus verantwortungsvollen Quellen
FSC® C014138

Dieses Buch wurde auf FSC®-zertifiziertem Papier gedruckt. FSC (Forest Stewardship Council ist eine nicht staatliche, gemeinnützige Organisation, die sich für eine ökologische und sozialverantwortliche Nutzung der Wälder unserer Erde einsetzt.

Alle verwendeten Bibelstellen sind der Gute Nachricht Bibel, revidierte Fassung, durchgesehene Ausgabe, © 2000 Deutsche Bibelgesellschaft, Stuttgart, entnommen.

Bibliografische Information der Deutschen Nationalbibliothek

Die Deutsche Nationalbibliothek verzeichnet diese Publikation in der Deutschen Nationalbibliografie; detaillierte bibliografische Daten sind im Internet über http://dnb.d-nb.de abrufbar.

Umschlaggestaltung: JoussenKarliczek, Schorndorf
Lektorat: Nadine Weihe, Hille
DTP: typopoint GbR, Ostfildern
Verwendete Schriften: Sabon, Thirsty Rough, Akzidenz-Grotesk Condensed
Gesamtherstellung: FINIDR. Lipova
Printed in Czech Republic
ISBN 978-3-7615-6106-5 Print
ISBN 978-3-7615-6107-2 E-Book

www.neukirchener-verlage.de

Inhalt

Freie Fahrt!

„Schätzeken, gib Gas!" ist nicht nur ein Titel, sondern ein echter Spruch, den ich oft von meinem hilfsbereiten Nachbarn namens Wenzel gehört habe, wenn mein Auto mal wieder „inne Wicken" war. Harte Schale, weicher Kern – so war Wenzel. Hugo, mein weißer VW-Käfer, hat mich oft an die Grenzen des Wahnsinns gebracht. Gott sei Dank hat Wenzel mir immer aus dem „Schisselameng" geholfen. Und wenn „die Kiste" repariert war, sagte er: „Und jetzt gibste ma' richtig Gas, damitte auch ma' ankomms', Schätzeken." Recht hatte er. Eine kurze Ansage, präzise formuliert und praktisch umzusetzen.

Keine Sorge, ich schreibe weder ein Buch über den Ruhrpott noch über Autoreparaturen. Von Letzterem habe ich nämlich null Ahnung. Ich schreibe stinknormale Geschichten über Abenteuer mit meinem ersten Auto. Sie weisen humorvoll darauf hin, dass einfache Ereignisse häufig mehr Weisheit in sich haben als total korrekte oder philosophische Überlegungen. Und nebenbei sind sie noch tolle Inspirationsquellen, wenn es um die persönliche Lebensgestaltung geht.

Ich lebe gerne im Ruhrgebiet, mag die Menschen und ihre Sprache. Schön ist es hier nicht, aber herzlich, offen und direkt. So werde ich auch schreiben.

Ich möchte dich mit klaren Ansagen unkompliziert unterstützen und motivieren, um die nächsten Schritte für deine persönliche Lebensplanung zu erreichen. Und wenn du manchmal denkst, dass ich eine fürchterliche Nervensäge bin, kann ich damit leben. Hauptsache, du kommst deinem Ziel Stück für Stück näher.

Egal, ob du gerade im „Schisselameng“ steckst oder einfach nur „klare Ansagen“ brauchst – du kannst jeden Tag Gas geben, um anzukommen.

Ankommen? Ja, ankommen. Dafür brauchst du ein Ziel und eine Route, eine gute Ausstattung und Durchhaltevermögen. Voraussetzung dafür ist natürlich, dass du bereit bist, an deiner Persönlichkeit zu arbeiten. Dazu wird dich dieses Buch erfrischend herausfordern. Fang neugierig an, jeden Tag Kleinigkeiten zu ändern – dann wird das Planen zum Vergnügen.

Mein größter Wunsch ist, dass du dich gut gelaunt durch dieses Buch liest und dass schon nach dem ersten Kapitel mutige Schritte für wunderbar leichte Wege möglich sind.

Schnall dich an und gib Gas!

Teil 1: Starthilfen

Kapitel 1

DER BLICK UNTER DIE HAUBE – DAS KOMPETENZPAKET FÜR DEINE ZUKUNFT

Es ist mir ja fast peinlich, aber ich kann dir gar nicht sagen, wie viele PS mein VW-Käfer unter der Haube hatte. Ich weiß nur, dass ich nicht die Schnellste war, wenn neben mir ein Mercedes, Porsche oder eine andere Marke der „Creme de la Chrome“ an der Ampel auf Grün wartete.

Mit ganzer Leidenschaft habe ich „Mein Maserati fährt 210“ gesungen und mich lächelnd und keck mit meinen Nachbarn angelegt. Wenn du dich jetzt fast kaputtlachst, kann ich es dir nicht verübeln. Ganz im Gegenteil – ich lache mit. Ich hatte Megaspaß und wusste, dass ich diese Rennen niemals gewinnen würde. Und ich weiß bis heute noch nicht, wie viele PS diese ganzen Schlitten unter ihrer Haube haben.

Jedes Auto hat einen Motor und der ist Dreh- und Angelpunkt für anspruchsvolle Technik. Nicht unbedingt mein Lieblingsschauplatz, aber ohne ihn geht nichts. Je nachdem, wie viele PS er hat, kommt der Schlitten schneller oder langsamer von der Ampel weg.

Das ist übrigens eine hilfreiche Erkenntnis: Von nichts kommt nichts. Es gibt für jeden Motor eine maximale Geschwindigkeit. Und wenn du darauf keine Rücksicht nimmst, fliegt er dir irgendwann um die Ohren.

Erkenne dein Genie

Öffne jetzt deine ganz persönliche Motorhaube und gönne dir eine ehrliche Inspektion.

Mit hundertprozentiger Sicherheit sage ich dir, dass du einige PS mitbringst. Und die solltest du auf jeden Fall sofort einsetzen. Wenn sie dir nicht ausreichen, empfehle ich dir ein konkretes Lernprogramm, um dich weiterzuentwickeln. Das ist übrigens mein persönliches Prinzip. Ich mag es, lebenslang zu lernen, und mittlerweile würde ich sagen, dass ein paar PS mehr unter meiner Haube sind.

Jeder Mensch braucht persönliche Pferdestärken, um irgendwo anzukommen. Nun, da du kein Pferd bist, hast du keine Pferdestärken, sondern deine eigenen. Kennst du sie und redest du auch darüber? Reden? Ja, reden! Wiehern versteht keiner.

Es gibt Menschen, die ein Riesenproblem haben, wenn sie sich selber loben sollen. Erstaunlicherweise können sie ihre Freunde gut loben, ermutigen und motivieren, aber im Kritisieren ihrer eigenen Person sind sie Meister.

Vielleicht zuckst du gerade zusammen, weil du anders geprägt worden bist. „Immer schön bescheiden sein", „Sich selber loben ist Sünde", „Eigenlob stinkt" oder noch schlimmere Sätze geistern jetzt in deinem Kopf herum. Es ist nicht so leicht, aus Denkmustern und Prägungen auszusteigen. Und manchmal erfüllen wir lieber die Erwartungen anderer. Aber was bringt das? Aus meiner Sicht wird das Leben dadurch zu einer Lüge. Solche Denkmuster und Prägungen enden häufig in Gefühlen der Niedergeschlagenheit und schlimmstenfalls in Depressionen. Das muss nicht sein, und dagegen kann man etwas tun! Wer will schon auf der Strecke bleiben?

Lob im großen Stil

Aller Anfang ist schwer. Diese Binsenweisheit kennt jeder, der es nicht gewohnt ist, dankbar und mutig über seine besonderen Talente zu reden. Jetzt ist es an der Zeit, damit anzufangen. Menschen, die entspannt und locker mit ihren Stärken und Schwächen umgehen, sind häufig glücklich und ungezwungen unterwegs. Und es gibt noch einen Vorteil, wenn du über deine Stärken und Schwächen reden kannst: In *jedem* Vorstellungsgespräch wirst du nach ihnen gefragt. Wenn du gelernt hast, über deine Stärken zu reden, kannst du sie auch deinem zukünftigen Chef mitteilen.

Der Weg zu einer authentischen und erfolgreichen Persönlichkeit ist manchmal mühsam, aber unentbehrlich. Er macht dir die Verbindung zwischen Vergangenheit, Gegenwart und Zukunft bewusst. Ganz zu erfassen ist diese spezielle Verbindung wohl nie, aber sie wird klarer in der Bewegung und im liebevollen Betrachten. Und bei jedem Versuch erfährst du mehr über dich und deine liebenswerten Seiten.

Deine Stärken geben die Richtung vor, sorgen für einen Ausbildungsplatz, eine Beförderung oder andere attraktive Ziele. Außerdem fördern sie die Lust auf „mehr", weil du das lebst, was leicht für dich ist. Sie sind dein ganz persönlicher Motor und bestimmen aber auch die Geschwindigkeit, mit der du vorankommst.

Praxis: EINE ERSTE INSPEKTION

Lege mal für einen Moment den Rückwärtsgang ein und schaue in die Vergangenheit. Suche nach Herausforderungen, bei denen deine Kompetenzen oder Charaktereigenschaften für gute Ergebnisse erforderlich waren. Bestimmt erinnerst du dich an Situationen, in denen du sehr zufrieden mit dir warst. Situationen, die eine naive Begeisterung ausgelöst haben. Damit meine ich ausgesprochene Empfindungen wie „Ach ja", „Ohh, das stimmt", „Daran habe ich schon lange nicht mehr gedacht", „Das war der Hammer" und so weiter. Welche Stärken hast du in dieser Situation „einfach so" und ohne Anstrengung eingesetzt? Was war das Besondere?

Nichts verändert den Spielraum so schnell und unkompliziert wie ein mutiger und entschlossener Anfang. Fang also an! Mach es dir gemütlich und beginne fröhlich mit deiner Inspektion.

Welche Dinge gehen dir einfach von der Hand?

Was kannst du besser als alle anderen?

Bei welchen Tätigkeiten kannst du die Zeit vergessen?

Weswegen fragen dich Freunde um Rat?

Deine Fähigkeiten kennst du nun, jetzt kannst du anhand einer Checkliste überlegen, welche Charaktereigenschaften du hast. Diese Kompetenzliste wird sehr hilfreich sein und ist eine Investition mit guter Rendite in Krisen und unsicheren Zeiten.

Praxis: MEINE „ICH BIN …“-CHECKLISTE

Ich empfehle dir, die Checkliste spontan zu beantworten. Grübeln verboten! Aber bitte auf jeden Fall ehrlich antworten. Hier geht es nicht darum, anzugeben oder zu mogeln.

Wenn du deine Antworten gefunden hast, frage einen Freund, deinen Partner oder eine andere Person deines Vertrauens nach ihrer Einschätzung. Vergleicht, ob ihr Übereinstimmungen habt, und diskutiert über Abweichungen oder Unterschiede. Die Unterschiede sind ein guter Anlass, über diese Aspekte deiner Persönlichkeit nachzudenken.

Bewerte die einzelnen Charaktereigenschaften auf einer Skala von *–3 = trifft nicht zu* bis *3 = trifft zu*.

Ich bin …	**–3**	**–2**	**–1**	**0**	**1**	**2**	**3**
selbstsicher							
überzeugend							
diskussionsfreudig							

Ich bin …	**–3**	**–2**	**–1**	**0**	**1**	**2**	**3**
verhandlungsfähig							
diplomatisch							
kompromissbereit							
kreativ							
mutig							
ausdauernd							
spontan							
entscheidungsfreudig							
zielstrebig							
temperamentvoll							
optimistisch							
teamfähig							
geduldig							
aggressiv							
direkt							
sensibel							
belastbar							
beherrscht							
gewissenhaft							
autoritär							
großzügig							
hilfsbereit							
lernbereit							
unternehmungsfreudig							
humorvoll							
tolerant							
kritikfähig							

Wenn du diese Fragen schwungvoll beantwortet hast, stellt sich die Frage: Glaubst du dir auch selber? Du kannst es auch *Selbst*-Vertrauen nennen. Mit sorglosem Selbstvertrauen kannst du deinen Wünschen, Bedürfnissen und Träumen treu bleiben und bist in der Lage, schwierige Situationen zu meistern.

Ich bin heute 50 Jahre alt und staune immer wieder, welche neuen Eigenschaften ich von mir noch kennenlernen darf. Zugegeben, nicht alle gefallen mir, aber ich lerne immer besser, mich auch in meinen Schwächen anzunehmen und zu lieben. Das schenkt mir eine Lebensqualität und Zufriedenheit, die ich mit keinem Menschen tauschen werde.

Eine große Stärke von mir ist, dass ich sehr schnell entscheiden kann. Erstaunlicherweise habe ich nicht viele Dinge falsch entschieden, nur weil ich schnell war. Diese Stärke hat mir zum Beispiel sehr geholfen, als ich noch bei einer Bank mit Wertpapieren gehandelt habe.

Die Entscheidungsstärke hat die Schwäche der Ungeduld an ihrer Seite. Menschen, die gerne überlegen, in ihre Höhle gehen und „Jahre später" wieder herauskommen, haben Schwierigkeiten mit mir. Ich bin ihnen zu dominant und sie fühlen sich durch mich unter Druck gesetzt. Wenn es möglich ist, gehen sie mir aus dem Weg. Das ist nicht immer möglich und ich werde gezwungen, mein Tempo zu reduzieren. Ich durfte lernen, gute Absprachen zu treffen, aufmerksam zuzuhören und teamorientierte Fragen zu stellen. Das schafft Respekt und fördert Vertrauen trotz aller Gegensätze. Freunde dürfen mich anhalten, wenn ich zu schnell unterwegs bin. Sie sagen mir die Wahrheit, wenn ich es übertreibe, und helfen mir, eine angemessene Schrittlänge für mich und die Menschen um mich herum zu finden. Ich muss heute nicht zu jedem Team gehören und schaue mir gut an, wer meine Persönlichkeit verkraften kann, und ich lebe damit, dass mich nicht jeder mag.

Schwierigkeiten habe ich mit folgenden Anfragen: „Wir könnten mal gechillt darüber nachdenken, wo wir unsere Strukturen verbessern können. Lass uns mal 'ne Weile visionieren und dann schauen wir mal weiter." Sehr gerne, aber nicht mit mir. Das geht nicht gut.

Stärke bedeutet immer auch Schwäche. Menschen sind Unikate „in Serie". Ich gehöre gerne zur Großfamilie der „Mängelexemplare". Das macht mich toleranter und hilft mir, herausfordernde Persönlichkeiten als Ergänzung zu schätzen, von denen ich viel lernen kann. Dieser besondere Cocktail aus Stärken und Schwächen sorgt für liebevoll interessante Verbündete auf abenteuerlichen Wegen.

Überlege jetzt konkret, welche Abenteuer auf dich warten, wenn du deine Erkenntnisse aus den Praxisteilen ernst nimmst. Blicke stolz auf deine Stärken und bereite dich auf die Konsequenzen vor, die damit verbunden sind. Übersetze mein Beispiel in deinen Alltag. Das hilft dir in Entscheidungssituationen.

Kapitel 2

KENNZEICHEN – ALLEINSTELLUNGSMERKMAL DEINER EINZIGARTIGKEIT

Mein erstes Auto stand auf dem Hof. Kaum zu glauben, dass es mir gehörte. *What a feeling!* Jetzt wollte ich nur noch durchstarten und „Lifestyle to go“ fühlen. Schöne Aussichten! Von wegen. Kaum war das Auto fahrbereit, wurde die stolze Besitzerin der Bürokratie überlassen. Das alte Schätzeken mit natürlichem Shabby Chic (meine Bezeichnung für minimale Rostspuren) brauchte vorher was Neues – leider keine Schuhe, sondern ein Schild. Genau genommen ein amtliches Kennzeichen. Damit keine Langeweile aufkommt. Es lebe die Bürokratie.

Ohne Karte und Navi (das gab's noch nicht), aber mit grenzenlosem Erlebnishunger machte ich mich auf den Weg zur Zulassungsstelle. Wenzel hatte mir den Weg „aus'm Kopp“ beschrieben und mir geraten: „Frag nach, wenne nich' weiterweiß', sonst landeste noch inner Pampa.“ Mein unwiderstehlicher Stolz und meine scheinbar endlose Leidensbereitschaft ließen mich nach kleineren Umwegen begeistert ankommen.

Hoffnungslos optimistisch und zielstrebig bewegte ich mich wie Alice durch das Wunderland der Zulassungsstelle. Für die nötige Bodenhaftung wurde die Nostalgie der deutschen Ordnung aus der Versenkung geholt. Der Tresen war alles andere als eine „Gute-Laune-Tafel“, und hochherrschaftlich thronte dahinter der König der Kennzeichen. Die waren bei ihm auf jeden Fall in guten Händen. Weil hier alles gut geregelt war, bekam jeder Bittsteller erst einmal eine Nummer und setzte sich brav auf einen der gefühlt neunundneunzig Stühle. Und weil es so schön und unbequem war, saß frau doch gerne noch ein bisschen länger.

Bei der Auswahl des Kennzeichens verzichtete ich auf falsche Bescheidenheit. Normalerweise liebe ich Einfachheit ohne großes Brimborium, aber hier ging es um mein ganz persönliches Kennzeichen mit individueller Botschaft. Passend zum Namen natürlich! Schade, dass es nur minimalen Spielraum gab, aber den würde ich nutzen! Immerhin reichte es für meine Initialen und mein Geburtsdatum. Und tatsächlich, irgendwann wurde es einfach nur noch herrlich.

Es hat viele Gründe, warum die Zulassung heute von Autohäusern übernommen wird, und ich habe nach diesem Erlebnis nie wieder eine Zulassungsstelle betreten.

Schilder unter den Arm, ran ans Auto und los ging es. Die Sterne bekamen Konkurrenz. Plötzlich hatte ich einen humorvollen Eintrag mehr in meinem Tagebuch *und meine eigene Marke*!

Das ganz persönliche Kennzeichen heißt Alleinstellungsmerkmal

Wenn mir vor 15 Jahren jemand erzählt hätte, dass ich einmal selbstständig sein, Vorträge halten und ein Impro-Bewerbungs-Theater mitgründen würde, hätte ich ihm ganz galant einen Vogel gezeigt oder Schlimmeres veranstaltet. Und der Gedanke, ein Buch zu schreiben, wäre mir niemals in den Sinn gekommen. Irgendwann habe ich mich allerdings gefragt, warum andere Menschen mit weniger Qualifikationen den Sprung ins kalte Wasser wagen und bildlich gesprochen heute zur „Formel 1“ gehören, während ich noch in meinem VW-Käfer sitze?! Und wenn ich jetzt mal ganz ehrlich bin, dann frage ich mich mindestens einmal in der Woche, warum Schaumschläger oft so erfolgreich sein können. Ich werde natürlich keine Namen nennen, aber es gibt einige Menschen, die viel reden und wenig sagen. Immer mehr von ihnen werden Politiker.

Dieses Phänomen des Erfolges interessiert übrigens auch Wissenschaftler. Sie haben herausgefunden, dass Erfolg nur zu 10 Prozent auf Können und Kompetenzen basiert. Persönlichkeit, Authentizität, Image und gute Kontakte füllen die restlichen 90 Prozent. Gerecht ist das nicht, aber was bitteschön ist schon gerecht? In diesem Zusammenhang dürfte das Geschlecht eigentlich kein Thema sein, aber es gibt noch viele Positionen, die den Herren der Schöpfung vorbehalten sind. Jetzt mal nur für uns Frauen: Diese Erkenntnis gefällt mir nicht, aber ich werde daraus die Konsequenzen ziehen. Das solltest du auch! Es gibt immer mehr Frauen, die „ihren Mann“ stehen, aber das sind leider die berühmten Ausnahmen. Diese Ausnahmen nehme ich mir gerne zum Vorbild und lerne von ihnen.

Heute ist mir einiges klarer und ich habe mich dazu entschieden, an meiner Ausstrahlung und meinem Mut zu arbeiten. Es reicht also nicht, seine „PS“ zu kennen. Sie wollen unter die Leute und das nach Möglichkeit zielgerichtet und erfolgreich. Das liegt wahrscheinlich daran, weil der Motor, also der Antreiber, *unter* der Haube ist und das Nummernschild gut sichtbar in der Öffentlichkeit für den Halter des Fahrzeugs steht. Die Öffentlichkeit wartet! Aber nur, wenn du dich zeigst und dein Kennzeichen mit persönlicher Note kennst.

Es werben zahllose Angebote, das eigene Markenzeichen zu kreieren, deine starke Nummer sozusagen oder korrekt ausgedrückt: dein Alleinstellungsmerkmal. So ist zum Beispiel Frauen und Männern eine Fülle an Schulformen und Bildungswegen zugänglich, die wiederum unterschiedliche Wege anbieten. Selbst nach einer abgeschlossenen Ausbildung ist es möglich, weitere Ausbildungen zu planen. Auch im Privatleben bieten sich viele Möglichkeiten der Entscheidungen: Wohngemeinschaft oder Singlewohnung? Erst heiraten oder schon vorher zusammenziehen? Und wer dann noch Zeit hat, setzt sich auf die Couch und plant nebenbei sein Freizeitvergnügen: Sprachschule oder Fernreise? Klavier oder Flöte? Golf oder Tennis? Und auch diese Fragen warten auf eine Antwort: Kinder oder Karriere? Mit 40 noch mal durchstarten? Festanstellung oder Selbstständigkeit?

Fragen, Fragen, Fragen. Und welche Antwort ist richtig?

Die schlechte Nachricht zuerst: Keine!

Die gute: Viele!

Keine Entscheidung ist auch eine Entscheidung

Nicht jeder Mensch liebt es, sich zu entscheiden, und viele hätten nichts gegen einen Brief vom Himmel, der mal eben durchs Fenster flattert. Aber mal ehrlich, wer hat jemals schon einen solchen Brief bekommen? Ich jedenfalls nicht.

Bei manchen Entscheidungen ist es fast egal, wie man sich entscheidet. Wen kümmert es, wenn im Restaurant das gewählte Menü leider nicht schmeckt? Das ist zwar ärgerlich, aber zu verkraften. Anders sieht es schon aus, wenn der geplante und bezahlte Urlaub im wunderschönen Luxushotel nicht stattfindet, weil das angepriesene Hotel noch gar nicht gebaut und der Reiseveranstalter spurlos verschwunden ist. Aber was passiert, wenn das begonnene Studium oder der gewählte Ausbildungsplatz einfach nicht passt? Oder der Stellenwechsel nicht die erhoffte Verbesserung der Arbeits- oder Lebensqualität bringt?

Jede Entscheidung hat Folgen, und mit denen kann man mehr oder weniger gut und zufrieden leben. Wenn alles glattläuft, stellen sich Glücksgefühle und eine ausgewogene Zufriedenheit ein. Meistens geht es Menschen so, wenn sie klare Vorstellungen von ihrer Zukunft haben und sich selber schon gut kennen.

Falsche Entscheidungen sind häufig der Grund, warum Menschen Entscheidungen lieber aussitzen. Sie wollen nicht noch einmal negative Erfahrungen machen. Ich kenne viele Menschen, die darauf warten, dass endlich mal jemand ihre Fähigkeiten entdeckt und ihnen die „Chance ihres Lebens" oder „den Traumjob" anbietet. Das ist eine andere Form des „Aussitzens". Sorry, falls du dich ertappt fühlst… Frage dich am besten sofort:

1. Will ich warten, bis mir jemand meine Träume erfüllt und mir auf einem Silbertablett alle Wünsche präsentiert?

ODER

2. Werde ich mich zeigen und nehme ich meine Zukunft mit meinen vorhanden PS – also meinen

Fähigkeiten und Kompetenzen – selber in die Hand?

Wenn du dich für die erste Antwort entscheidest, kann ich dir jetzt nur noch raten, dieses Buch zu verschenken. Es wird dir nichts bringen außer Ärger und Wut und schlimmstenfalls Resignation. Das wäre jammerschade. „Aussitzen" und „Warten" sind menschliche und verständliche Entscheidungen, aber selten ist dieses Verhalten förderlich, wenn es darum geht, für sein persönliches Alleinstellungsmerkmal die Verantwortung zu übernehmen.

Oder hast du dich für Antwort Nr. 2 entschieden? Dann kann ich dich nur beglückwünschen! Ran an das Kennzeichen – eine starke Nummer wartet auf dich. Individuell und persönlich.

Gebrauchskunst für den Alltag – schön und praktisch. Klare Sache, das stellt alles andere in den Schatten. Der Spaß kann beginnen.

Den Spielraum definieren – Selbsterkenntnis mit Wiedererkennungseffekt

Wie bei einem amtlichen Kennzeichen ist die Fläche wichtig, auf der du dich bewegen wirst. Die musst du dir genau anschauen, bevor du durchstarten kannst. Mit dieser Aufgabe hast du in den beiden Praxisteilen des letzten Kapitels bereits begonnen, indem du deine Eigenschaften und Fähigkeiten definiert hast. Deine Kompetenzen helfen dir gleich dabei, Antworten auf die Fragen „Was kann ich?“ und „Was will ich?“ zu finden und damit deinen Spielraum zu bestimmen. Heute ist das gar nicht mehr so einfach zu fassen, weil die Möglichkeiten deutlich vielfältiger sind und ständig aktualisiert werden. Das gefällt nicht jedem und provoziert den einen oder anderen. An manches muss ich mich auch gewöhnen und entscheide genau, welche Themen des Fortschrittes oder der gesellschaftlichen Veränderung für mich relevant sind oder nicht. Es hilft nicht, davor zu fliehen, sondern der Blick nach vorne ist angesagt.

Wirst du gerade etwas nervös, weil ein Blick in deinen Terminkalender dir sagt: „Dafür habe ich keine Zeit“? Die Ausrede gilt nicht. Die Zeit, die du für diese Aufgabe investierst, wird mit „Selbsterkenntnis“ belohnt. Selbsterkenntnis sorgt für Klarheit und Authentizität. Beides bietet gute Ansätze für Veränderungen oder Verbesserungen.

Das Wort Authentizität ist in den letzten Jahren etwas überstrapaziert worden, aber es hilft, die Augen nach innen zu drehen und das herauszufinden, was die eigene Persönlichkeit und den Charakter bestimmt. Nur dann fallen Entscheidungen leicht und aus der Selbsterkenntnis kann sich Selbstbewusstsein entwickeln. Dein Lohn: ein gestärktes Selbstwertgefühl und klare Ziele.

Nimm dir Zeit und verzichte darauf, alle Erwartungen zu erfüllen, die auf dich warten. Davon gibt es genug. Begegne deinen Bedürfnissen und Wünschen mit Respekt und einem Schuss Gelassenheit. Jetzt ist die Zeit für klare Fakten und Aussagen mit persönlicher Note und kleinen Ausreißern.

Praxis: KLARER KOPF – WAS KANNST DU?

Falsche Bescheidenheit bringt nicht weiter. Schaumschlägerei auch nicht. Bevor du richtig durchstartest:

Formuliere klar dein Wunschziel:

Schreibe mindestens fünf Argumente auf, die dich deinem Wunschziel näherbringen.

Sage klar und deutlich, warum du die geeignete Person für das angestrebte Ziel bist.

Warum sollte man sich ausgerechnet für dich entscheiden?

Kombiniere deine Erkenntnisse aus der „Ich bin …"-Checkliste mit deinen Argumenten aus diesem Praxisteil. Das erhöht deine Chancen und lässt Hürden kleiner werden.

Diese Kombination gibt es nur individuell, und deshalb heißt sie auch „dein persönliches Alleinstellungsmerkmal". Wenn du jetzt einen ganzen Roman füllen kannst – umso besser. Bei manchen Menschen sprudeln die Ideen sofort, wenn sie etwas über ihre Qualifikationen sagen sollen. Andere brauchen dafür mehr Zeit. Und eine dritte Gruppe hat überhaupt keinen Plan und keine Lust, anzufangen. Das kann unter anderem daran liegen, dass sie sich nicht festlegen wollen oder schlechte Erfahrungen sie daran hindern. Wenn du ungern Entscheidungen triffst, empfehle ich dir, zuerst das Kapitel „Blickfang Fensterplatz – Mit Freunden und Vorbildern unterwegs“ zu lesen. Du brauchst auf jeden Fall Unterstüzter, die dir helfen, konkret zu werden.

Mit einer der Gruppen wirst du sympathisieren. Je nachdem, mit welcher, solltest du mehr oder weniger Zeit einplanen.

Was macht dich einzigartig?

Welche Charaktereigenschaften machen dich besonders?

Gibt es interessante Kombinationen mit „Yeah-Effekt“?

Hier darf es ruhig ein bisschen mehr sein. Und wer sagt denn, dass deine Ideen sofort in Stein gemeißelt werden sollen? Keiner natürlich. Jetzt geht es erst einmal darum, dass du deine bereits ermittelten Persönlichkeitsmerkmale mit vorhandenen Kompetenzen kreativ kombinierst und daraus eine gute Strategie entstehen kann. Um konkrete Ziele kümmern wir uns nach dem nächsten Praxisteil.

Es ist gut, wenn du weißt, was du kannst und wozu du fähig bist. Aber die Frage ist, was du mit diesen Kompetenzen machst. Wo setzt du sie ein? Und wozu? Was willst du eigentlich?

P *Praxis:* KLARER WEG – WAS WILLST DU?

Jetzt geht es darum, die Fakten ernst zu nehmen und den Spielraum zu genießen. Ein Studium verlangt Bildungsabschlüsse. Wer für den erträumten Studienplatz leider nicht die beste Abiturnote vorweisen kann, braucht einen Plan B. Das kann ein Auslandsstudium sein oder eine Ausbildungsstelle, die Wartezeiten möglich macht.

Nicht immer sind alle Türen offen und manchmal liegen die Hürden hoch. Wenn deine Finanzen es erfordern, dass du neben deinem Ausbildungsprogramm arbeiten gehen musst, brauchst du einen guten Zeitplan. Oder wenn du nach einer Babypause zurück in den Beruf gehen möchtest, brauchst du jemanden, der für deine Kinder sorgt. Es kann auch sein, dass du den Beruf wechseln möchtest, aber finanzielle Bindungen dich festhalten.

Erforsche deinen persönlichen Spielraum und beschreibe ihn!

Wenn du dich jetzt fragst, was daran innovativ sein kann, dann lass dir gesagt sein: Nur wer sein Spielfeld kennt und respektiert, kann seine Geschichte unkompliziert prägen und gestalten. Individuelle Varianten sind in diesem Rahmen möglich, und ungewöhnliche Allianzen sind hin und wieder notwendig.

In die Gänge kommen – Erste Ziele festlegen

Nimm dir Zeit zum Experimentieren und erlaube dir, deinen Bedürfnissen und Gefühlen Raum zu geben. Manches fügt sich mit der Zeit ineinander und Korrekturen sind notwendig. Stell dir einfach vor, dass ein Auto aus vielen Teilen konstruiert wird und zwischen der Planung und der Fertigstellung nicht alles glattläuft.

Praxis: DER ERSTE GANG

Lege jetzt wie beim Autofahren den ersten Gang ein und komm in Fahrt. Allein die geschriebenen Worte helfen nicht. Jetzt geht's in die Praxis.

Plane die ersten Kilometer deiner Fahrtroute und schreibe eine kleine To-do-Liste, auf der die nächsten Streckenabschnitte konkret werden. Setze dir mit jeder Aufgabe gleichzeitig Termine für die Umsetzung. Deadlines sind manchmal nötig, um Ergebnisse zu überprüfen. Ein guter Zeitraum für Veränderungen ist ein Monat. Du hast in der ersten Woche Zeit, den inneren Schweinehund zu überwinden. In der zweiten Woche kannst du den ersten Gang einlegen. In der dritten Woche versuchst du erste Schritte, und in der vierten Woche liegt die Deadline in Sichtweite und spätestens jetzt sind Taten gefragt. Rede mit deinen Freunden über deinen Veränderungswillen und erlaube ihnen, immer wieder nachzufragen.

Nach vier Wochen kannst du deine Umsetzungsschritte anschauen und dich darüber freuen, dass du etwas erreicht hat. Überprüfe in regelmäßigen Abständen, ob du deinem Ziel näher kommst. Wenn du keine Fahrt aufgenommen hast, ist das überhaupt nicht schlimm. Dann kannst du Korrekturen vornehmen oder danach fragen, was dich aufgehalten hat. War das Tempo zu schnell oder das Ziel zu groß? Welche Ängste hindern dich? Was hast du davon, wenn du deinem Ziel treu bleibst? Lohnt sich die Investition für dich, weiterhin konsequent zu sein? Was kann schlimmstenfalls passieren, für weitere vier Wochen „dranzubleiben“?

In Einzelcoachings erlebe ich oft, dass meine Klienten im ersten Gang zu viel Gas geben und nach vier Wochen merken, dass das Tempo reduziert werden sollte. Jedes Coaching bei mir endet mit der Abschlussfrage: „Für welchen Teil unseres Gespräches übernimmst du in den nächsten vier Wochen die Verantwortung? Beginne den Satz mit ‚Ich werde …‘“

P *Praxis:* „ICH WERDE …“

Stell dir vor, dass ich jetzt vor dir sitze und dir diese Frage stelle. Schau mir in Gedanken in die Augen und beginne einen Satz mit „Ich werde …“. Mogeln gibt es nicht. Also, fang an und formuliere:

Ich werde …

Schaffe in dem vorgegebenen Spielraum deine eigene Struktur und probiere so lange aus, bis es sich gut anfühlt. Das heißt nicht automatisch, dass es sich auch nach einigen Monaten genauso anfühlt. Macht nichts. Dann korrigierst du weiter. Finde unter den vielen Möglichkeiten deine Favoriten und deine eigene Komposition zwischen Trends und Traditionen.

Was du bei deinen Überlegungen berücksichtigen solltest: Schlaue Menschen sagen, dass sich alle sieben Jahre der Lebenszyklus ändert und meistens neue Lebenssituationen warten. Classic reloaded. Ich kann das bestätigen. Das, was für mich heute brandaktuell ist, kann in ein paar Jahren schon Schnee von gestern sein. Manchmal geht mir das auf die Nerven, aber stur sein hilft nicht. Wichtig sind die Dosis für Veränderungen und ein gutes Gefühl für bewährte Strategien. Gutes darf auch weiter den Spielraum bestimmen. Aber was darf dem Guten an die Seite gestellt werden? Suche bunte Alternativen, die stimmig den nächsten Lebenszyklus aufpeppen und harmonisch den Ton angeben.

Jetzt geht es aber nicht um den nächsten Zyklus, sondern um das Hier und Heute. Plane mutig mit der Gewissheit, dass selbst die vernünftigste Entscheidung irgendwann mal nach Korrekturen verlangt.

Herzlichen Glückwunsch! Dein Kennzeichen – oder besser gesagt dein „Alleinstellungsmerkmal“ – ist fertig und du kennst deinen Spielraum. Wunderbar! Die Route wartet, aber vorher solltest du deine Erkenntnisse feiern.

Den Erfolg genießen

Es gibt Menschen, die können gut und gerne feiern und genießen. Andere spüren sofort eine innerliche Abwehr und denken: „Es gibt immer etwas zu tun – packen wir's an.“ Sie haben kleine Saboteure auf ihrer Schulter, die ihnen einreden, dass es selbstverständlich wichtig sei, Erfolge zu feiern, aber bitte flott. Das nächste Etappenziel auf dem Weg zum Erfolg wartet schließlich! Diese Saboteure schaffen es, dass Menschen von einem Ziel zum nächsten hetzen und sich am Ende der Karriereleiter fragen, welchen Sinn diese Hetze hatte. Sie lebten immer in den Vorbereitungen für Morgen und vergaßen, dass es ein Hier und Heute gibt. Am letzten Tag ihres Lebens dürfen sie dann feststellen, dass sie niemals richtig gelebt haben.

Mal ehrlich: Willst du das? Mein Tipp: Lass es – es bringt nichts! Aus eigener Erfahrung kann ich sagen, dass es scheinbar immer überlebenswichtige und dringende Aufgaben gibt. Die meisten sind aber gar nicht überlebenswichtig und die Welt geht nicht unter, wenn du sie einen Tag warten lässt. Genusspausen sind wichtig, um Energie zu tanken und Freude für die nächsten Schritte zu fördern. Soll heißen: Feiere deinen Erfolg, aber überlege dir vorher die nächsten Schritte. Am besten schreibst du schon mal eine kleine To-do-Liste, damit du nach der Feier dynamisch weitermachen kannst.

Da jeder Mensch eigene Vorlieben hat, solltest du deine Genussquellen selber definieren. Schicke dir eine Einladung zum Feiern und Genießen. Finde heraus, was dir Spaß macht. Hier gibst du den Ton an und deine Wünsche können weich landen. Sie verknüpfen die erfolgreiche Vergangenheit mit zukunftsweisender Hoffnung und Freude.

Für mich sind das ganz einfache Dinge. Ich liebe es, nach einem anstrengenden Tag in meinen Garten zu gehen, in der Erde zu wühlen und im Schweigen den Tag an Gott zurückzugeben. Genauso mag ich ein einfaches Picknick im Wald oder am Meer. Ich brauche weder ein Sternemenü in einem Nobelrestaurant noch eine Massage in einem Wellnesstempel. Die Kunst des Genießens besteht für mich nicht darin, die von außen angebotenen Genusschancen anzunehmen, sondern die eigenen Bedürfnisse wahrzunehmen und zu leben.

Also: Feiere und genieße deinen Erfolg ausgiebig. Schau zurück und schaffe schöne Erinnerungen. Lächle und umarme die Welt, knutsch deine Freunde, tanze auf dem Eis und gönne dir einen Hauch heiterer Dankbarkeit.

Kapitel 3

DIE ROUTE WARTET – HINEIN INS VERGNÜGEN

Wo soll's denn hingehen?

Wenn ich mich in einer Stadt total verfahren hatte, musste ich meinen überflüssigen Stolz überwinden und nach dem Weg fragen. Das bedeutete: Erstens Auto anhalten, zweitens Gurt lösen, drittens auf den Beifahrersitz legen und viertens mit der Hand die Fensterscheibe der Beifahrertür runterkurbeln, fünftens lächeln und einen Fußgänger nach dem Weg fragen. Schlimmstenfalls schaute mich mein Gegenüber fragend an und hatte von meinem Ziel keine Ahnung. Dann musste ich weiterfahren, ein neues Frageopfer suchen und das Spiel konnte von vorne beginnen. Bestenfalls konnten mich hilfsbereite Fußgänger durch die Straßen lotsen und schenkten mir mit ungeteilter Aufmerksamkeit eine bunte Wegbeschreibung. Wenn die Erklärung mehr als drei Details umfasste, war mir klar, dass ich noch mal anhalten musste, um erneut jemanden zu fragen. Dennoch hörte ich mir die komplette Schilderung an, bedankte mich, lächelte und fuhr weiter. Mein Gehirn war nicht in der Lage, sich zu orientieren, wenn ich mir mehr als drei Wegkreuzungen, Abbiegungen oder Ähnliches merken sollte.

Heute gibt es Navigationssysteme, die zwar auch nicht immer den besten Weg aussuchen, aber mich immer an mein Ziel bringen.

Hast du schon einmal versucht, ohne Wegbeschreibung oder andere Hilfsmittel durch eine fremde Stadt zu fahren? Stell dir vor, du müsstest die Bachstraße in Berlin suchen.

Würdest du durch Berlin fahren und glauben, dass du schon irgendwie ankommen wirst? Gute Chancen hat nur ein Berliner, der das Musikerviertel kennt. Selbst das schönste Auto mit 200 PS und Luxusausstattung will gesteuert werden, und dafür ist der Fahrer verantwortlich. Ich möchte gar nicht behaupten, dass du nicht irgendwann und irgendwie an dein Ziel kommen würdest, aber wahrscheinlich wirst du viel Zeit und viele Nerven brauchen.

Genauso ist es mit der Zukunft. Sie liegt unbekannt vor dir und wartet auf deine Route. Du kannst ohne Planung starten und akzeptieren, was passiert, oder konkret eine Wegstrecke festlegen, die dich zum Losfahren motiviert.

Es ist Zeit für Träume und Visionen

Bis zu dieser Seite hast du schon viele Fragen beantwortet und deine Ergebnisse gefeiert. Die Fahrt kann beginnen. In diesem Kapitel geht es darum, wie du aus den erarbeiteten Erkenntnissen eine angemessene Route formulieren kannst, die dich in deinen Fähigkeiten und Kompetenzen stärkt. Ich mache dir Mut, ganz groß zu denken.

Hast du einen großen Traum, für den es sich lohnt, den ersten Gang einzulegen, und der deine Tatkraft in Fahrt bringt? Große Träume kannst du auch „Visionen“ nennen, die wie ein Stern weit entfernt sind, aber dennoch mit einer großen Sehnsucht verbunden sind. Stell dir vor, du würdest ein Gummiband um einen Stern werfen. Dieses Gummiband wird dich immer in die richtige Richtung ziehen – auch wenn du vom Weg abweichst und kleine Umwege auf deiner Fahrtroute liegen.

Ein Beispiel:
Mutter Teresa sagte: „Das Leben ist ein Traum, mach daraus Wirklichkeit.“ Sie hatte einen Traum, der durch Schwierigkeiten nicht aufzuhalten war. Durch ihre Visionen hat sie die Welt verändert und viele Menschen begeistert. Sie hat eine Kultur der Nächstenliebe geprägt und eine unglaubliche Kraft entfaltet.

Es gibt viele wunderbare Menschen, die mit ihren Träumen und Visionen die Welt verändert haben.

Vergiss für die nächsten Stunden alle Kritiker, die behaupten, dass Träume und Visionen „Spinnerei“ sind und zu nichts führen. Eine Vision zieht dich wie ein Gummiband zum Ende deiner Fahrtroute und ist die Voraussetzung, um daraus Ziele zu entwickeln. Das Gummiband ist wie ein Navi, das dich Schritt für Schritt zum Ziel leitet und dich bei Abweichungen zurück auf deine Wegstrecke führt.

Träume dein Leben –
Die Vision ist das Ticket zum Ziel

Stell dir vor, dass du an einer Kreuzung stehst und dich für eine Richtung entscheiden musst. Neben vielen Möglichkeiten kannst du nur eine Route wählen und es gibt keine Sicherheit, dass der eingeschlagene Weg perfekt und richtig ist. Jetzt geht es ans Eingemachte und du musst dich entscheiden. Du wirst einen Weg wählen und entscheidest dich gleichzeitig, auf andere Richtungen zu verzichten. Niemand kann dir sagen, ob du dich richtig entschieden hast. Selbst wenn du keine Richtung wählst, ist das auch eine. Das wird dann ein Weg sein, den andere für dich ausgesucht haben.

In jeder Buchhandlung findest du unzählige Erfolgsratgeber mit Strategien für den persönlichen Erfolg. Sie geben dir Tipps, wie du an deinem Lebenserfolg arbeiten kannst, aber die Arbeit nehmen sie dir nicht ab. Das Leben ist vielschichtiger als die Tipps in einem Buch und deine Lebensgeschichte ist so einzigartig, dass sie in kein vorgefertigtes Schema passt.

Visionen und Ziele sind die Zündkerzen, die deinen inneren Motor anspringen lassen, motivieren und auf Hochtouren bringen. Sie haben nichts mit Zufall zu tun, sondern sie lassen sich entdecken und planen. Du brauchst wie beim Autofahren Zielpunkte, mit denen du arbeiten kannst. Und jetzt kommt ein harter Satz:

Keine Vision – kein Ziel – kein Erfolg.

Menschen, die sich realistische Ziele setzen, haben die besten Chancen auf Erfolgserlebnisse. Doch bevor du Ziele formulierst, brauchst du eine Vision! Sie ist eine ganzheitliche, aber noch unscharfe Vorstellung von deiner Zukunft. Eine Vision legt das Fundament, mit dem du Ziele erreichen kannst. Ziele brauchst du anschließend, um deine Vision zu realisieren.

Also los! Selbst wenn du nicht so richtig Lust auf eine Vision hast, dann probiere es wenigstens aus, dir eine zu überlegen. Vielen Menschen fällt dieser Schritt schwer und sie wollen nicht konkret werden. Das verstehe ich gut. Wenn es dir auch so geht, dann stelle dir mal Folgendes vor: Du bist in einem Jahr total glücklich mit deinem Leben und erzählst allen Freunden, dass du dich gerade in der besten Phase deines Lebens befindest. Die aktuellen Probleme und Herausforderungen gibt es nicht mehr und du genießt deine Arbeit, liebevolle Beziehungen, deinen gesunden Körper und ein sinnerfülltes Leben.

Wie hört sich das an? Dafür lohnt es sich zu träumen, oder? Du weißt, was auf dich wartet und warum es sich lohnt, an deiner Vision zu arbeiten. Plane einen Ausflug ins Glück. Lass nicht locker und glaube daran, dass in dir eine Vision von einer vollkommenen Zukunft schlummert. Sie will geweckt werden.

Die meisten Visionäre denken hauptsächlich an ihre Karriere, Geld, Macht, Anerkennung und schöne Reisen. Diese Wünsche gehören auf jeden Fall auch zur nächsten Übung, aber eine Vision beinhaltet mehr. Du träumst dein *ganzes* Leben, und dazu gehören auch die Bereiche Gesundheit, Beziehungen und Sinn (also zum Beispiel, wie deine Beziehung zu Gott aussieht). Gib dir einen Ruck, steh auf und suche Stifte und Papier und freue dich auf eine abenteuerliche Übung.

Praxis: WUNSCHTRAUM ZUKUNFT

Du brauchst einen Stift, vier große Blätter Papier und einen freien Tag. Wenn du keinen ganzen Tag investieren möchtest, kannst du auch jeden Abend eine Stunde reservieren.

Die vier Blätter stehen für die Lebensbereiche

- Arbeit,
- Beziehungen,
- Gesundheit,
- Sinn.

Schließe die Augen und wähle ein Datum, das mindestens ein Jahr in der Zukunft liegt. Ich empfehle dir, mutig für fünf Jahre nach vorne zu schauen.

Träume das Kino deines Lebens und schreibe dein ganz persönliches Drehbuch, in dem du die

Hauptrolle spielst. Stelle dir vor, was du in einem Jahr oder in fünf Jahren sein wirst. Bilder helfen dir, einen guten Zugang zu deinen Wünschen, Bedürfnissen und Zielen zu bekommen. Schmücke dir das Lebensdrehbuch deiner Zukunft so lebendig und detailreich wie möglich aus. Denke immer in der Gegenwart – auch wenn deine Vision in der Zukunft liegt. Verzichte auf Möglichkeitsformen, denn in der Vision hast du dein Ziel bereits erreicht. Die Wahrscheinlichkeit, am Ziel anzukommen, ist dadurch höher.

Falls du wenig Erfahrung in bildhaftem Denken hast, macht das überhaupt nichts. Die Bilder müssen weder schön noch perfekt sein. Lass dich überraschen und wenn es nicht klappt, mach eine Pause.

Spiele mit folgenden Fragen und Sätzen für jeden der vier Bereiche. Schreibe, ohne den Stift abzusetzen, mindestens fünf Minuten deine spontanen Gedanken auf. Behalte den Stift in der Hand – auch wenn dir keine Ideen einfallen. Vertraue darauf, dass dein Unterbewusstsein dich führen wird.

Hilfreiche Fragen

Es erfüllt mich mit Freude, wenn …
Mein größter Traum ist …
Wenn Zeit, Geld und Erfolg keine Rolle spielen, dann werde ich …

Wo werde ich leben?
Was werde ich tun?
Wo und als was werde ich arbeiten?
Wie sehen meine Beziehungen aus?
Wie wird mein Alltag aussehen?
Wie wird mein 80. Geburtstag aussehen, wenn ich mit meiner Lebenssituation zufrieden bin?

Wenn du deine Zukunft geträumt hast, schau dir das gesamte Bild noch einmal an und gönne dir eine Pause. Du kannst in der Pause nachspüren, ob deine Ideen dich anzünden und glücklich machen. Wenn dir weitere Ideen einfallen, kannst du sie ergänzen oder Gedanken, die nicht stimmig sind, korrigieren. Lass dir Zeit und feile so lange an deiner Vision, bis sie sich gut anfühlt. Vertraue auf dein Gefühl.

Herzlichen Glückwunsch zu deiner Vision!

Die Zukunft liegt nun klarer vor dir. Macht es Spaß, nach vorne zu blicken, oder bist du noch unsicher? Im nächsten Schritt geht es darum, konkret zu werden und Ziele zu formulieren. Jede Vision braucht Ziele, sonst wird sie zum Hirngespinst.

Als ich im Jahr 2001 meine kleine Firma gründete, war meine Vision so gigantisch, dass ich mich selber davor gefürchtet habe. Meine Gedanken waren fast größenwahnsinnig und ich habe mir Situationen erträumt, die zum damaligen Zeitpunkt unmöglich für mein Denken waren. Dennoch habe ich meine Hausaufgaben gemacht und habe alles aufgeschrieben. Es hat genau zehn Jahre gedauert, bis ich hinter jedem Punkt einen Haken machen konnte. Meine Vision hat mir geholfen, Entscheidungen zu treffen, Nein zu sagen und meine Ziele konkret zu formulieren.

Ziele brauchst du, um aus einem Traum Wirklichkeit werden zu lassen. Wenn du zum Beispiel davon träumst, in Amerika zu leben, wirst du deinem Traum näher kommen, indem du Englisch lernst. Es kann sein, dass du auch anfängst zu sparen, um das Flugticket nach Amerika zu finanzieren. Je genauer und konkreter du beschreibst, was du erreichen willst, umso konsequenter kannst du deinen Traum erreichen.

Darum geht es in dem nächsten Abschnitt. Du setzt deine Vision ein und überlegst, mit welchen Stärken, Konsequenzen und mit welcher Disziplin du deine Ziele erreichen wirst.

Etappenziele und kurze Wegstrecken – Ziele konkret formulieren mit der SMART-Formel

Wenn du täglich auf das große Ziel schaust, kann das ganz schön anstrengend werden. Nichts ist frustrierender, als sich etwas vorzunehmen und es nicht zu erreichen. In den seltensten Fällen kommt der Erfolg über Nacht. Du brauchst eine Portion Geduld und Durchhaltevermögen.

Der Clou ist, das große Ziel in kleine und attraktive Etappenziele zu teilen. Kurze Wegstrecken sind überschaubarer und schneller zu erreichen. Die meisten Menschen nehmen sich für ein Jahr zu viel und für fünf Jahre zu wenig vor. Fange an, kleine Zwischenerfolge zu planen, und schaffe überschaubare Einheiten. Wenn du an einer bestimmten Aufgabe arbeitest, dann erledige sie auch *bis zum Ende*. Es kostet dich mehr Zeit, wenn du mit deinen Gedanken schon die nächsten Schritte planst, obwohl du mit deiner aktuellen Aufgabe noch nicht fertig bist.

Wenn meine Klienten einen Termin für ein Erstgespräch buchen, erarbeiten wir das „große Ziel", oder anders gesagt, „die Vision". Danach legen wir die Etappenziele fest, beginnen mit dem Coaching und der ersten Aufgabe. Eine bewährte Schlüsselfrage für die Fahrtroute lautet: *Was bringt dich aus heutiger Sicht am schnellsten deiner Vision näher?*

An dieser Stelle kommt jetzt die *SMART-Formel* ins Spiel. Sie ist eine super Methode, um effektive Ziele zu beschreiben. Mit dieser Formel kannst du jeden deiner vier Lebensbereiche unter die Lupe nehmen. Als „SMART-er" Mensch weißt du, was du erreichen wirst. Du schaffst Tatsachen und folgst deiner Vision. Glaube mir: Zwischen kreativen Wünschen und präzisen Zielen liegen Welten. Du brauchst passende und motivierende Ziele, sonst landest du schneller auf deiner alten Fahrtroute, als dir lieb ist. Schreibe deine Ziele auf und sorge dafür, dass du sie jederzeit lesen kannst.

Das bedeutet die SMART-Formel:

S = spezifisch
Hier schreibst du deine genauen Vorstellungen so konkret und präzise wie möglich auf. Definiere das Ziel so, dass du genau weißt, worauf du hinarbeiten willst. Ich veranschauliche das nun am Beispiel eines BWL-Studiums für die einzelnen Punkte der Formel. Statt „Ich werde mich in meinen Klausuren verbessern", formulierst du genau, was dieses „Verbessern" bedeutet: „Ich werde meine nächsten Klausuren in BWL mindestens um eine Note besser schreiben als die vorherigen."

M = messbar
Dein Wunsch nach einer verbesserten Lernkultur braucht einen Maßstab. Das betrifft nicht nur die Notenverbesserung, sondern auch den Weg dorthin. Du musst klare Kriterien aufstellen, die dein Ziel messbar machen und dir sagen, wann du es erreicht hast: „Für eine verbesserte Note in BWL werde ich an fünf von sieben Tagen jeweils vier Stunden lernen."

A = attraktiv
Wer lernt schon gerne, wenn es keinen Spaß macht? Oder wenigstens einen Erfolg verspricht? Um das zu erreichen, sollte dein Ziel attraktiv genug sein, um das tägliche Lernpensum zu schaffen. Attraktive Ziele will jeder erreichen. Du kannst dir zum Beispiel vorstellen, wie Manager großer Firmen um dich werben, weil dein hervorragender Studienabschluss dir die Türen „der Welt" öffnet. Das ist genau dein Ding? Dann ist das Ziel auch attraktiv.

R = realistisch
Deine Ziele, auf die du hinarbeitest, sollten auch erreichbar sein. Wenn sie zu hoch gesteckt sind, kannst du keine Fortschritte sehen. Es muss eine realistische Chance geben, das Ziel zu erreichen. Überforderung ist hier nicht angesagt. Setze dir zum Erreichen deiner Vision mehrere realistische Zwischenziele: „Ich werde in diesem Semester von fünf Klausuren mindestens zwei mit einer verbesserten Note schreiben. Im nächsten Semester werde ich von fünf Klausuren mindestens drei mit einer verbesserten Note schreiben."

T = terminiert
Wenn du ein super Ziel hast, dann willst du es auch zu 100 Prozent erreichen. Dafür brauchst du einen bestimmten Zeitpunkt. Formuliere das Ergebnis genau und schreibe einen Terminplan für alle Etappenziele bis zum Endziel. Diesen Plan kannst du

jederzeit überprüfen und deine Fortschritte messen. Nichts motiviert mehr als ein nachweisbarer Erfolg.

Jetzt bist du dran! Wende die SMART-Formel auf deine persönliche Vision an und benenne deine Ziele.

P *Praxis:* ZIELE SMART FORMULIEREN

Die SMART-Formel hilft dir, besser zu werden und deiner Vision näher zu kommen. Wenn deine Ziele sinnvoll sind, raffst du dich leichter auf. Also schreibe für jeden deiner vier Lebensbereiche mit der SMART-Formel ein Ziel. Beginne Sätze mit „Ich werde …“

Arbeit

Was willst du im Bereich Arbeit für deine Berufsplanung tun?
Ich werde …

Beziehungen

Was wirst du für gesunde und stabile Beziehungen tun?
Ich werde ...

Gesundheit

Was wirst du für deine Gesundheit und Erholung tun?
Ich werde ...

Sinn

Was tust du für dein persönliches Wachstum und die Pflege deiner Werte?
Ich werde ...

Super, dass du deine Ziele kennst! Jetzt kannst du anfangen, deine Vorhaben in die Tat umzusetzen. Stecke deine Energie nicht in Zweifel, sondern in deine Entschlusskraft und genieße jeden Schritt.

Wichtig ist an dieser Stelle, dass du auch überprüfst, ob du die ersten Schritte wirklich gegangen bist und ob du deine Etappenziele erreicht hast. Beim Coaching überprüfen meine Klienten und ich nach vier Wochen, ob das Tempo realistisch war oder ob Korrekturen nötig sind. Wenn ein Etappenziel nicht erreicht wurde, stelle ich drei Fragen:

- Was hat dich daran gehindert, an deinem Ziel zu arbeiten?
- War das Ziel zu hoch?
- War die Zeiteinteilung nicht realistisch?

Wie sieht es bei dir aus?

Wenn das Ziel erreicht wurde, ist die Motivation für die nächste Etappe kein Problem und wir planen weitere Schritte. Selbstverständlich reflektieren wir auch, wofür wir „Danke“ sagen können. Das kannst du auch machen:

- Was hat Spaß gemacht?
- Was war leicht?
- Welche Eigenschaften und Kompetenzen haben bewirkt, das Ziel zu erreichen?
- Welches Ziel ist als Nächstes dran?

Nun bist du startklar für deine ganz persönliche Route. Aber wie das eben im Leben so ist, besteht leider immer die Gefahr, dass es mal nicht so rund läuft. Deshalb möchte ich dir noch ein paar Hilfen auf deinen Weg mitgeben, damit du die Strecke nicht schon kurz nach dem Start wieder verlässt.

Teil 2: Hilfen für den Weg

Kapitel 4

DIE ANGEZOGENE HANDBREMSE – SACKGASSE ODER FREIE FAHRT?

Bist du schon mal mit einer angezogenen Handbremse gefahren? Meine erste Fahrt mit einer angezogenen Handbremse hat 20 Minuten gedauert. „Schön bescheuert! Das merkste doch beim Anfahren“, sagte Wenzel hinterher zu mir. Er schon – ich nicht. Woher sollte ich denn beim Anfahren wissen, dass etwas nicht stimmte? Bei einem alten Auto klappert's immer irgendwo, und wenn es sich dann wie ein Esel etwas stur stellt und beim ersten Gasgeben nicht sofort fährt, ist das noch lange kein Grund, nervös zu werden. Na ja, selbst ich habe nach 20 Minuten gemerkt, dass etwas nicht in Ordnung war. Es stank ordentlich im Innenraum und meine Nase gab meinem Gehirn den Befehl zum Anhalten. „Anhalten, Gang einlegen, Bremse anziehen... So wie immer.“ Oder nicht? Nein, nicht so wie immer. Die Bremse war schon angezogen. Ach deshalb dieses „Ruckeln“. Peinlich, aber nicht zu ändern. Wohl doch bescheuert?! Wenzel hätte seine Bestätigung und ich hörte seine klaren Worte in meinem Kopf. Mut zum aufrechten Gang – oder besser gesagt zur aufrichtigen Weiterfahrt – war jetzt nötig. Bremse gelöst und weiter ging's.

Heute gibt es ja im Auto für jedes Vergehen eine Kontrollleuchte. In der Bedienungsanleitung für mein jetziges Auto ist dafür eine ganze Seite reserviert, um sämtliche Blinklichter zu erklären. Meine Erkenntnis: Es reicht nicht, Kontrollleuchten zu haben, man muss auch wissen, was sie bedeuten.

Deine angezogene Handbremse

Auf dem Weg zur Eigenverantwortung, Selbstbestimmung und Vision deines Lebens ist eine Fahrt mit angezogener Handbremse völlig normal. Hin und wieder blinken Kontrollleuchten und wollen deine Fahrt anhalten. Manchmal sind deine Einstellungen und Überzeugungen wie eine angezogene Handbremse. Wenn du das erkennst oder gute Freunde mit dir darüber reden, gratuliere ich dir von Herzen.

Viele Menschen glauben nämlich, dass Erfolg oder Misserfolg vom Schicksal, anderen Umständen, der Tagesform, Glück oder Pech oder sonst noch was abhängig ist. Sie setzen sich auf den Beifahrersitz und erlauben sich eine große Portion Passivität, ganz nach dem Motto: „Schuld sind die anderen“, „Es ist nicht nötig, sich anzustrengen, das bringt nichts“, „Ich fahre nicht weiter“.

Dir kommt das irgendwie bekannt vor? Du kannst natürlich auf dem Beifahrersitz hocken bleiben, aber damit kommst du keinen Zentimeter vorwärts. Wenn du mit angezogener Handbremse fährst, nützt es nichts, die Schuld bei anderen zu suchen. Halte stattdessen drei Minuten an und überlege dir eine Strategie zum Weiterfahren.

Je nachdem, wie du dieses Thema für deine Situation übersetzt, kann es sein, dass drei Minuten nicht ausreichen. Wenn du gerade eine Prüfung nicht bestanden hast, kannst du durchaus in kurzer Zeit einen Plan für die nächste Prüfung erstellen. In einer Beziehungs- oder Lebenskrise können aber aus den drei Minuten schon mal drei Monate oder mehr werden. Je nachdem, ob du an Gewohnheiten oder Überzeugungen arbeiten möchtest, entscheidet sich, mit welchen Hilfestellungen du arbeiten wirst.

Suche dir professionelle Hilfe, wenn dir zu viele belastende Erlebnisse mit angezogener Handbremse einfallen. Hier stößt dieser Ratgeber an seine Grenzen, und wenn du beim Lesen mehr Verwirrung als Stärkung erfährst, brauchst du vielleicht einen Therapeuten, Seelsorger oder Coach. Das klingt ein bisschen so wie „Bei Risiken und Nebenwirkungen fragen Sie Ihren Arzt oder Apotheker", aber ungelöste Zweifel und innere Unsicherheit können es erforderlich machen, andere um Hilfe zu bitten. Manchmal sind nur wenige Termine nötig, um eine andere Sichtweise zu bekommen oder Neues zu wagen.

Zündkerze oder Bremse? – Zweifelnde Kopfbewohner

Der Wecker klingelt erbarmungslos. Meine Augenlider haben ein schwergewichtiges Eigenleben und wollen sich auch mit dem besten Willen und aller Anstrengung nicht öffnen. Die Dusche ist viel zu kalt, der Kaffee zu heiß und das Marmeladenglas leer. Schon in den ersten Minuten nach dem Aufstehen habe ich das Gefühl – oder besser gesagt die fürchterliche Ahnung –, dass dieser Tag nicht mein bester wird. Selbstverständlich muss das Auto noch getankt werden, bevor es mich zur Arbeit fährt, und einige Tauben haben in der Nacht ihre milchigweißen „Visitenkarten" auf meinem Autolack hinterlassen. Unverschämtheit! Ich habe doch wirklich gute Gründe, schlecht gelaunt zu sein. Schon am frühen Morgen fühle ich mich ausgebremst und habe keine Lust den Tag zu beginnen. Dann werden auch noch kleine Stimmen in mir wach, die meine Laune nicht heben. Ganz im Gegenteil. Ich empfinde meine Aufgaben als Zumutung und bin schon in den ersten Minuten des Tages überfordert.

Es wird Zeit, die Bremsen zu lösen. Ich nenne sie hier mal Saboteure. Diese überflüssigen Kopfbewohner haben die Angewohnheit, durch gemeine Botschaften deine Gedanken zu beeinflussen und vieles unnötig zu erschweren.

Saboteure sind kreative Bremser, die ein großes Repertoire an störenden Botschaften senden: „Musst du denn schon wieder …“, „Sei stark“, „Gib dir Mühe“, „Ist doch klar, du schon wieder“. Jeder Mensch lernt im Laufe der Zeit, dass viele Faktoren zu bedenken sind, damit sich das Leben in die gewünschte Richtung entwickelt. Und dazu gehört auf jeden Fall, Saboteure von Motivatoren zu unterscheiden. Beschäftige dich mit ihnen und lerne sie kennen. Es ist völlig normal, dass jeden Tag unangemeldet Sprüche in deinem Kopf auftauchen und sich in dein Leben einmischen. Es gibt nur einen kleinen Unterschied: Es können Zündkerzen oder Bremsen sein.

Ich kenne das Gefühl, dass ich etwas total gerne möchte und gleichzeitig auch wieder nicht. Mit dem einen Fuß stehe ich auf dem Gaspedal und mit dem anderen auf der Bremse. Alte Muster kämpfen gegen den Wunsch nach Neuem und die Saboteure „Selbstzweifel und Minderwertigkeit“ werden laut. Bei einer unbekannten Strecke, die ich mit meinem Lebensauto erkunden möchte, werden automatisch Unlust und Widerstand groß, und die Angst vor neuen Schritten beeinflusst mein Denken. Da soll ein neuer Weg gegangen werden, aber die Richtung ist nicht klar. Und schon habe ich meinen inneren Saboteur zu einer Fahrgemeinschaft eingeladen. Der flüstert mir lauter unschöne Dinge zu: „So bin ich eben“, „Da kann man nichts machen“, „Die

Umstände lassen keinen neuen Weg zu", „In meinem Alter geht das nicht mehr" – und schwupps befinde ich mich in der Sackgasse negativer Glaubenssätze. Jetzt kann ich mir nur noch überlegen, ob ich vor die Wand fahre oder wende.

Es ist Zeit, um mal wieder drei Minuten zu überlegen:

Erkenntnis Nr. 1:	Sackgassen gehören zum Leben.
Erkenntnis Nr. 2:	Unruhe, Sackgassen und Chaos sind normal.
Erkenntnis Nr. 3:	Hör auf zu jammern und wende das Auto. Akzeptiere die Unsicherheit und suche einen neuen Weg.
Erkenntnis Nr. 4:	Lerne von Vorbildern! (Mit ihnen beschäftigen wir uns ausführlich in Kapitel 5.)

Wenn du jedem Saboteur glaubst, gibt es keinen Grund, aus deinem Leben etwas zu machen oder dir Ziele zu setzen. Saboteure verhindern Selbstvertrauen und lassen Herausforderungen schwierig oder unüberwindbar erscheinen. Selbst offensichtliche Lösungen kannst du nicht mehr sehen. Schade. Saboteure werden aktiv, wenn du dir zu viel vornimmst, und wollen überhaupt nicht, dass du unangenehme Aufgaben erledigst. Sie sind wie Schranken in einem Parkhaus, die eine Weiterfahrt stoppen, und schenken dir eine große Portion Unzufriedenheit, Inkonsequenz, Widerwillen und vieles mehr. Die Wörter „Glück“ und „Zufriedenheit“ gibt es in ihrem Wortschatz nicht.

„Antreiber“ sind die besten Freunde der „Saboteure“ und können dich im wahrsten Sinne des Wortes in den Wahnsinn treiben. Die Lieblingssätze der Antreiber:

- Sei immer stark!
- Sei perfekt!
- Mach es allen recht!
- Beeil dich!
- Streng dich an!

Dennoch möchte ich an dieser Stelle deutlich sagen, dass innere Antreiber auch wichtige Helfer für dich sind. Sie werden nur dann zu einem Problem, wenn sie ungebremst und unreflektiert dein Leben bestimmen. Dann verursachen sie jede Menge Stress. Es geht in diesem Kapitel nicht darum, Antreiber aus deinem Leben zu vertreiben, sondern ihnen mit einer guten Einstellung entgegenzutreten und eine gesunde Balance zu finden.

Du bestimmst, mit welcher Sicht du deinen Antreibern begegnest. Es gibt immer zwei Möglichkeiten: aufgeben und verzweifeln oder mit einer anderen Sichtweise eine Lösung suchen. Damit setzt du einen Umdenkungsprozess in Gang, der dir hilft, neue Gewohnheiten einzuüben.

Ich möchte das an einem Beispiel verdeutlichen: Wenn du ein Auslandssemester in Amerika planst, wirst du Englisch lernen müssen. Ich kenne viele Menschen, die sagen: „Sprache ist nicht mein Ding. Meine ganze Familie ist nicht sprachbegabt, also kann ich auch kein Englisch lernen." Aber dein Ziel ist ohne die Sprache nicht zu erreichen, also kannst du nur deine Einstellung ändern. Ab sofort formulierst du den Satz: „Wenn Millionen von Menschen Englisch lernen können, kann ich das auch." Glaube mir, du wirst nach kurzer Zeit und mit einem Übungsprogramm problemlos Englisch sprechen. Wenn du erst einmal daran glauben kannst, eine Sprache oder anderes zu lernen, wirst du nicht mehr in deine alten Glaubenssätze zurückfallen.

Neben den Bremsen gibt es Gott sei Dank Zündkerzen. Sie erlauben dir, mit deinen Bedürfnissen ans Ziel zu kommen. Die „Erlauber“ unterscheiden sich deutlich von den Bremsen:

- Ich bin, so wie ich bin, gut genug.
- Meine Zeit gehört mir.
- Ich tue es für mich.
- Ich darf vertrauen.
- Ich darf um Hilfe bitten.

Praxis: DEINE ERLAUBER-LISTE

Koche dir eine Tasse Kaffee, mache es dir gemütlich, setze dich in Ruhe hin und schreibe deine individuelle Erlauber-Liste. Benutze diese Liste als Experiment und korrigiere sie regelmäßig.

Ich darf …

1.
2.
3.
4.
5.

Jetzt schreibst du auf, wie du deine Erlauber umsetzen kannst.

Was muss ich dafür tun?

Wo gelingt es mir, meine Erlauber umzusetzen?

Auf welche positiven Erfahrungen kann ich zurückgreifen?

In jeder neuen Situation besteht die Gefahr, etwas falsch zu machen. Richtig! Na und? Warum sollte es schlimm sein, Fehler zu machen? Perfektionisten mögen Fehler nicht, aber jeder Perfektionist macht welche.

Ich kann für mich sagen, dass ich aus meinen größten Fehlern das meiste gelernt habe. Mit dieser Einstellung kann ich die Zukunft gestalten und wachse in meinen Kompetenzen und charakterlichen Fähigkeiten. Lebenslanges Lernen bedeutet für mich erfülltes Leben. Raus aus der Sackgasse, wenden und mit einem Lächeln die Richtung wechseln – das erlaube ich mir!

Kapitel 5

BLICKFANG FENSTERPLATZ – MIT FREUNDEN UND VORBILDERN UNTERWEGS

Autofahren im Winter mag ich nicht. Vor allem, weil ich 15 Minuten früher aufstehen muss, um die zugefrorenen Autoscheiben freizukratzen. Bei meinem ersten Auto musste ich das ärgerlicherweise nicht nur von außen, sondern auch von innen. Bis ich freie Sicht hatte, war ich fast schon am Ziel. Die Heizung war altersschwach und gönnte sich im Winter gerne ein paar Minuten länger, um die Scheiben und meine fast erfrorenen Hände aufzutauen. Ich fuhr jeden Morgen von Oer-Erkenschwick nach Recklinghausen, um von dort mit der schon damals unpünktlichen Deutschen Bahn nach Essen zu fahren. Auf dem Bahnsteig traf sich jeden Morgen dieselbe frierende und schlotternde Leidensgemeinschaft in Warteposition.

Das gleiche Spiel wiederholte sich am Abend. Als mal wieder ein Schneesturm für eine Stunde Verspätung der Bahn sorgte, verhinderte nur die Hoffnung auf eine warme Wohnung, dass ich ausrastete. Endlich in Recklinghausen angekommen, entdeckte ich auf dem Bahnsteig Onkel Werner, der mit dem Bus nach Hause fahren wollte. Ich bot ihm einen Platz im Auto an und er ließ sich auf ein Abenteuer ein, über das wir heute noch genauso lachen können wie vor 20 Jahren.

Die Rückfahrt hatte neben dem Eiskratzen von innen und außen noch eine besondere Variante. Nachdem ich die Beifahrertür aufgeschlossen hatte, löste sich leider der Griff nicht wieder und das Schloss konnte nicht schließen. Tja, hier war guter Rat teuer.

Meinem Beifahrer schlug ich vor: „Onkel Werner, du musst beim Fahren die Tür zuhalten, bis das Schloss aufgetaut ist und die Tür sich wieder schließen lässt."

Wenn Onkel Werner eine Wahl gehabt hätte, wäre er wahrscheinlich super gerne mit seinem Bus nach Hause gefahren. Aber da er wusste, dass ich mit einer offenen Beifahrertür nicht alleine fahren konnte, setzte er sich in mein Auto, schnallte sich an und hielt die Tür fest. Dass ich beim Fahren immer wieder die Scheiben von innen freikratzen musste, vergrößerte nur noch sein Bedürfnis nach einer ruhigen Heimfahrt.

In Oer-Erkenschwick war das Schloss aufgetaut, Onkel Werner konnte aussteigen, die Tür ordnungsgemäß schließen und ich freute mich auf eine warme Tasse Tee.

Wir sind übrigens nie wieder im Winter zusammen Auto gefahren.

Ich kaufte mir aber ein Feuerzeug, mit dem ich einen eingefrorenen Griff auftauen konnte, und war für alle künftigen Schneeabenteuer gerüstet.

Fahrgemeinschaft – Von Weggefährten auf Zeit und lebenslangen Freunden

Dank meines Feuerzeuges brauchte ich danach niemanden mehr, der mir im Winter die Beifahrertür zuhalten musste. Diese zeitlich begrenzte Fahrgemeinschaft erinnert mich daran, dass ich hin und wieder Menschen brauche, die mir helfen, meinen Platz im Leben einzunehmen. Ich benötige Fahrgemeinschaften, um Ziele zu erreichen. Mein ganz persönliches Supportteam, wenn ich nicht mehr weiterweiß oder für bestimmte Themen einen Rat brauche. Menschen, die mich aus kleinkarierten und mausgrauen Denkmustern durch ihre Fragen und Wertschätzung in bunte und farbenfrohe Perspektiven führen. Fahrgemeinschaften sind meine Tankstelle für neue Kraft und Energie zum Weiterfahren.

Von C. S. Lewis stammt meine Lieblingsdefinition für Fahrgemeinschaften oder besser gesagt Freundschaften. Er schreibt: „*Freundschaft entsteht aus bloßer Kameradschaft, wenn zwei oder mehr Kameraden entdecken, dass sie eine Einsicht, ein Interesse oder auch einen Geschmack teilen, der anderen nichts bedeutet. (…) Typisch für eine beginnende Freundschaft wäre etwa der Satz: ‚Was? Auch du? Ich dachte, ich sei der Einzige.*‘“[1]

---

1 C. S. Lewis: Was man Liebe nennt. Brunnen Verlag, Basel 1998, S. 71.

Als ich diese Sätze zum ersten Mal gelesen habe, wirbelten sie meine Gedankenwelt stürmisch durcheinander und beschrieben gleichzeitig punktgenau eine Sehnsucht von mir. Die Worte haben in meinem Herzen einen Vorhang zur Seite geschoben, der mir die Sicht für das, was dahinter liegt, geöffnet hat. Plötzlich packte mich der Wunsch nach dieser erfüllenden Kameradschaft und diesem einzigartigen Gleichklang.

Lewis' Definition beinhaltet entspannte Ordnung, verlässliche Zugehörigkeit und sichere Geborgenheit. Schon lange bewegte mich die Frage, woran ich Freunde von losen Kontakten unterscheiden kann. Unendlich dankbar bin ich dafür, dass ich sofort Namen von Menschen im Kopf hatte, auf die diese Beschreibung zutrifft. Gleichzeitig hat sich mein Blick für diejenigen geklärt, die ich ab diesem Moment nicht mehr als meine „Freunde" bezeichnen würde, sondern eher als Weggefährten für festgelegte Strecken auf einer Lebensreise. In diesem Klärungsprozess sind einige Tränen geflossen und wütende Gefühle haben mich begleitet. Auch hier wurde mir sehr schnell klar, dass ich für meinen Teil dieser Weggemeinschaft Verantwortung trage und nicht die Schuld bei anderen suchen sollte.

Heute kann ich voller Dankbarkeit davon sprechen, dass ich Gemeinschaft mit unterschiedlichen Weggefährten genießen darf, um in vielen Variationen aufzutanken. Diese Gemeinschaft besteht aus Freunden und nicht ganz so engen Kontakten. Mal ist es eine Beziehung, mal eine Begegnung und im besten Fall beides. Aus vielen Zweckgemeinschaften haben sich über Jahre Freundschaften entwickelt. Das gemeinsame Erleben hat verbunden und erfüllende Begegnungen geschaffen. Hier hat der Satz, dass geteilte Freude doppelte Freude ist, seine Berechtigung und ich ergänze, dass gemeinsame Ziele und intensive Begegnungen doppelt glücklich machen.

Dazu gehört auch die Erkenntnis, dass Freundschaft vom Geben und Nehmen lebt. Ziele erreicht man besser, wenn man sich gegenseitig hilft. Besonders dann, wenn man sich in den Stärken ergänzt. Es ist mir heute nicht mehr peinlich, um Hilfe zu bitten, und ich muss nicht mehr alles alleine machen. Für diese Erkenntnis waren viele innere Dialoge und äußere Überwindungen nötig. Und selbstverständlich auch das Vertrauen in meine Freunde, die diesen Weg der Veränderung mit mir gegangen sind. Freunde verzichten darauf, Einzelkämpfer zu sein, und suchen Verbündete, deren Werte, Fähigkeiten und Ziele im Gleichklang mit den eigenen sind – Kameraden eben, die mit mir auf dem Weg sind. Ein Team, das Erfolge und Niederlagen teilt, Synergien schafft und das Leben meistert.

Fahrgemeinschaft mit Vorbildern

Ein weiterer Impuls bedeutet für mich die Kernfrage, wie das Leben neben lebendigen Freundschaften klar und kraftvoll sein kann, um das eigene Werte- und Stärkenprofil weiter auszubauen. Dazu gehört die Erkenntnis, dass die Welt nicht jeden Tag neu erfunden werden muss.

Immer dann, wenn ich in einer bestimmten Fragestellung nicht weiterkomme, überlege ich, von welchen Vorbildern ich zu diesem Thema lernen kann. Das sind manchmal lebende Personen – die sind mir am allerliebsten, nur leider nicht immer verfügbar. Aber auch Menschen, die ich aus Biografien kenne, deren Vorträge ich gehört habe oder auf eine andere Art und Weise kennenlernen durfte oder bewundere. Ich schaue mir an, wie sie Probleme lösen, Ideen entwerfen, Positionen vertreten, öffentlich auftreten, Gespräche führen, andere überzeugen, handwerklich arbeiten und vieles mehr.

Von meinem Chef in der Bank durfte ich lernen, dass es sich in Krisen immer lohnt, einen Moment nachzudenken. Bekanntlich wird an der Börse nicht geklingelt, wenn es bergab geht, und ich durfte als Wertpapierberaterin drei handfeste Crashs erleben. Als ich 1987 zum ersten Mal bei einer atemberaubenden Talfahrt zusehen musste, hätte ich am liebsten sofort gehandelt. Ohne zu übertreiben, hatte ich nicht nur große Panik, sondern auch echte

Angst vor einem Nervenzusammenbruch. Noch nie fühlte ich mich in meinem Beruf so ohnmächtig wie an diesem Tag. Das Telefon klingelte pausenlos, Kunden waren genauso überfordert wie ich und sahen ihr Vermögen in null Komma nichts verschwinden.

Mein Chef rief sein Team zusammen und sagte: „Kein Problem ist so groß, dass wir nicht drei Minuten darüber nachdenken können. Wir überlegen uns jetzt eine Strategie für unsere Kunden und dann handeln wir überlegt und entschlossen." Klingt logisch, oder? Nur war in diesem Moment mein logisches Denken total ausgeschaltet und ich war absolut handlungsunfähig. Ich fühlte mich wie jemand, der unter Druck oder aus Angst zu versagen dabei ist, aus dem Fenster zu springen, und die Feuerleiter nicht sehen kann, die neben dem Fenster steht.

Mein Chef war an diesem Tag meine Feuerleiter, und dieser eine Satz hilft mir heute noch in Krisensituationen, mir drei Minuten Zeit zu nehmen, um eine Strategie zu entwerfen, damit ich anschließend überlegt handeln kann. Das klappt nicht immer, aber immer öfter.

Wenn du dir andere Menschen als Vorbild nimmst, dann kannst du auch eine andere Sicht auf deine persönliche Situation bekommen. Manchmal ist ein solcher Perspektivwechsel hilfreich, damit du wieder „in die Spur" kommst.

Die Geschichte von König Artus und seiner Berufung macht das sehr plastisch. Im Musical *Camelot* gibt es eine sehr berührende Szene. Der junge Artus steht mit Merlin auf einem Feld und über ihnen kreist ein Habicht. Merlin schaut Artus an und fragt ihn: „Was sieht der Habicht, was der junge Artus nicht sieht?" Artus versetzt sich in den Kopf des Habichts, sieht mit seinen Augen und fliegt in die Lüfte. (Zu diesem Zeitpunkt waren die englischen Grafschaften einander feindlich gesinnt. Auseinandersetzungen und Kämpfe gehörten zum Alltagsgeschäft.) Der Habicht sieht nur die Natur, feindliche Linien sind nicht vorhanden. Der junge Artus „sieht", dass es in der Natur keine feindlichen Linien gibt, und er begreift, dass die Grenzen politisch, also in den Köpfen der Menschen sind. Dieser Moment weckt in ihm den Wunsch, England zu vereinen, was er der Sage nach als späterer König auch tat.

Praxis: FLIEGE WIE EIN HABICHT

Nutze diese Geschichte, um mit einem Rollenspiel in einen kreativen Fluss zu kommen. Du musst dafür weder Artus sein noch ein Ritter der Tafelrunde. Fliege wie ein Habicht über deinem aktuellen Thema und suche in Gedanken einen Ort, an dem Kreativität fließen kann. Anders gesagt: Wenn du aus dem Rahmen trittst, siehst du das ganze Bild.

Ich setze mich für diese metaphorischen Höhenflüge immer an meinen Lieblingsplatz in der Küche. Es gibt bestimmt schönere Plätze in unserem Haus, aber in der superengen Nische zwischen unserem Tisch und der Heizung fühle ich mich total wohl. Gerade dann, wenn mein Morgenmuffelgehirn einen Muntermacher braucht, hilft mir mein Platz in der Küche bei einem Stimmungsumschwung. Häufig erlebe ich dort Klärung und bekomme neue Perspektiven. Deshalb nenne ich diese Nische auch meinen „heilsamen Ort", den ich täglich ohne große Umstände aufsuchen kann.

Ich empfehle dir, einen Ort zu suchen, an dem du unterschiedliche Gedankenströme unter einen Hut bringen kannst, um von deinen Vorbildern zu lernen.

Bist du wie ein Habicht geflogen und hast du einen Ort gefunden, an dem du dich mit deinen Vorbildern auseinandersetzen kannst? Sehr schön. Dann kannst du gleich loslegen und herausfinden, wer deine Vorbilder sind und was du von ihnen für deine aktuelle Situation lernen kannst.

Praxis: BEGABUNGEN DER VORBILDER ENTDECKEN

Beginne mit dem vergnüglichen Teil und schreibe Namen von Persönlichkeiten auf, die du bewunderst oder einfach cool findest. Das kann deine Oma sein, Nelson Mandela, Mutter Teresa, Dietrich Bonhoeffer, Jesus, der kleine Prinz, Freunde, Lehrer, Kollegen oder andere wichtige Persönlichkeiten, die dich beeindrucken.

Welche außergewöhnlichen positiven Eigenschaften findest du an dieser beeindruckenden Persönlichkeit bemerkenswert?

Finde mindestens drei Eigenschaften und schreibe sie auf. Spare nicht mit Papier und gönne dir für jede Person ein großes Blatt.

Beispiel:
Sie ist hilfsbereit, mutig, konsequent und kann gut zuhören.

Er ist humorvoll, kreativ und kann Ansichten auf den Punkt bringen.

Von Vorbildern lernen

Jetzt beginnt die eigentliche Arbeit. Überlege sorgfältig, wie du konkret von den positiven Eigenschaften deiner Vorbilder lernen kannst.
Dazu gehört der Gedanke, wieso es bisher nicht geklappt hat und von welcher inspirierenden Eigenschaft du mehr haben möchtest. Besonders in festgefahrenen Situationen brauchst du eine gute

Kombination aus Courage und Loslassen, um neue Wege zu finden. In unbekannten Situationen kann es sehr gewinnbringend sein, für fünf Minuten einen anderen Kopf aufzusetzen. Vera F. Birkenbihl entwickelte daraus eine Methode:[2]

Mit dem Kopf des Vorbildes denken

Sorge dafür, dass du fünf Minuten ungestört denken kannst. Es ist unbedingt notwendig, dass du dich gut konzentrieren kannst. Vermeide auf jeden Fall Ablenkungen.

1. Am besten stellst du dir einen Wecker, der nach fünf Minuten klingelt. Jetzt sagst du deinem Gehirn, für welches Thema du eine Lösung brauchst.
2. Denke an eine Person, von der du gerne lernst und die ein Vorbild für dich ist.
3. Setze dir jetzt sozusagen den Kopf deines Vorbildes auf und stelle dir vor, wie dein Vorbild diese Aufgabe lösen würde. Das Ganze ist also ein *Rollenspiel*.
4. Arbeite mindesten fünf Minuten mit dem Kopf deines Vorbildes. Wenn du dir bei dieser

2 Die Methode wird hier in eigenen Worten wiedergegeben und orientiert sich an der Beschreibung von Vera F. Birkenbihl aus ihrem Buch *ABC-Kreativ. Techniken zur kreativen Problemlösung*. Ariston Verlag, München 2012, S. 99–100.

Aufgabe unsicher bist, konzentriere dich auf den Rollenspielcharakter. Du darfst in dieser Zeit nicht aus der Rolle fallen und plötzlich wieder deinen eigenen Kopf benutzen. Denke oder handle so, wie diese Person handeln würde.

Halte die Erfahrungen schriftlich fest und beschreibe, wie du dieses Experiment erlebt hast.

Ich habe durch diese Übung gelernt, dass ich nicht immer Zeit für andere haben muss. Mein Vorbild dafür war eine Frau, die gut ausdrücken konnte, was sie Menschen anbieten kann. Dadurch hat sie wenig Nein sagen müssen, aber sehr viel Ja gesagt.

Wenn mich heute jemand fragt, ob ich mal einen Augeblick Zeit hätte, frage ich: „Wie lange dauert bei dir ein Augenblick?“ Die meisten Menschen sagen „Fünf Minuten“ oder machen eine andere genaue Zeitangabe. Dann übernehme ich die gute Eigenschaft meines Vorbildes und mache ein Angebot: „Für fünf Minuten unterbreche ich gerne meine Arbeit, aber dann möchte ich meine Aufgaben weiter erledigen. Ist das für dich in Ordnung?“ Fast immer höre ich ein „Ja“ und bekomme die Erlaubnis, nach fünf Minuten das Gespräch zu beenden. Dazu brauche ich Mut, um meinen Gesprächspartner auch tatsächlich nach fünf Minuten daran zu erinnern, dass ich das Gespräch wie vereinbart beenden möchte. Meistens ernte ich Erstaunen, weil ich konsequent zu meiner Aussage stehe. Nicht immer gefällt das der Person, aber meistens erinnert sie sich an die getroffene Vereinbarung. Diese Idee durfte ich von meinem Vorbild übernehmen.

Finde Unterstützer für dein Ziel

Wenn du ein Ziel vor Augen hast, frage dich auch, wer dich unterstützen kann. Es gibt Aufgaben, die locker alleine zu erreichen sind. Wenn ich mich zum Beispiel dazu entscheide, meinen Garten zu pflegen, benötige ich dafür keine Unterstützung. Aber für ein neues Seminar oder einen Vortrag brauche ich Menschen, die mir ein Feedback geben und bereit sind, mir zu helfen.

Auch wenn ich dein nächstes Ziel nicht kenne, möchte ich dich ermutigen, dass du dir ein Unterstützerteam zusammenstellst. Jeder Formel-1-Fahrer hat ein ganzes Team hinter sich, das seinen Erfolg sichert. So wie eine Fußballmannschaft ihren Trainer, ein Autor seinen Lektor oder ein übergewichtiger Mensch einen Ernährungsberater braucht, solltest du auf dein Support-Team nicht verzichten.

Genieße die Kraft guter Freundschaften und Teams, denn sie

- haben ein offenes Ohr, wenn du Hilfe brauchst,
- geben dir das Gefühl, wertvoll zu sein,
- ermutigen dich in Niederlagen,
- feiern mit dir den Erfolg auf der Zielgeraden.

Kapitel 6

DER RAHMEN – WAS TRÄGT, WENN NICHTS MEHR GEHT?

Vor ein paar Jahren habe ich an einer Betriebsführung einer Automotive-Firma teilgenommen. Jetzt fragst du dich bestimmt, was mich zu dieser Führung motiviert hat. Wenn ich ehrlich bin – gar nichts. Im Rahmen einer Begabtenförderung war ich als Trainerin unterwegs, und zu diesem Programm gehörte auch eine Betriebsführung. Wir fuhren mit einem Bus auf das Gelände und es war genau so, wie ich es befürchtet hatte: jede Menge Hallen, Gabelstapler und andere Motorgiganten, die mich überhaupt nicht interessierten. Bei 30 Grad Außentemperatur nicht unbedingt der Ort, an dem ich sein wollte. „Nase zu und durch! Sei ein Vorbild, Monika." Einen anderen Befehl konnte ich meinem Gehirn nicht geben. Aber immerhin hat mich dieser Tag so geprägt, dass ich heute darüber schreibe.

Der Leiter des Werkes begrüßte uns und nahm sich eine Stunde Zeit, um über Entwicklungschancen junger Menschen in der Unternehmensgruppe zu berichten. Er beantwortete wertschätzend und klar alle Fragen der Schüler und es war deutlich zu spüren, dass er sich diese Zeit gerne reserviert hatte. Keine Eile, sondern echte Präsenz war angesagt. Sein wertschätzendes Verhalten veränderte meine Einstellung sofort.

In einem Satz erklärte er, was in diesem Werk produziert wird. „Stellen Sie sich einen Autounfall vor und das gesamte Auto brennt aus. Das, was stehen bleibt, ist der Rahmen, und *den* stellen wir her."

Dieser Satz hat wie ein Blitz in mein Gehirn eingeschlagen. Er fordert mich seitdem immer wieder auf, die Frage nach dem Rahmen für mein Leben zu beantworten. Was trägt, wenn nichts mehr bleibt und die schöne Karosserie oder Fassade nicht mehr vorhanden ist? Angesichts der Tatsache, dass die Antwort wohl eine beutende Rolle spielt, lohnt es sich, genauer darüber nachzudenken. Und damit jeder versteht, was ich damit meine, tausche ich das Wort „Rahmen" gegen das Wort „Werte".

Werte – Das Navigationssystem für eine gesunde Lebensreise

Werte lassen sich nicht mal eben festlegen wie eine Blutgruppe oder ein Intelligenzquotient. Eines ist auf jeden Fall klar: Dein Leben hat bis zu diesem Buchstaben viele Einflüsse erfahren. Manche kannst du deutlich benennen und sie sind dir sehr bewusst, andere schlummern tief in dir und sind unbewusst.

In der frühen Kindheit baut sich in der Familie das Wertefundament auf. Später ergänzen Erzieher, Lehrer, Gemeinden oder andere gesellschaftliche Gruppen diesen Einflussbereich. Werte sind wie ein Navigationssystem, das deine Einstellungen und Motive steuert und ein Wegweiser in Entscheidungssituationen ist. Immer dann, wenn du deine Werte leben kannst, wirst du dich gut fühlen. Wenn du etwas tust, was deinen Werten nicht entspricht, sagt dein inneres Navi ganz schnell „bitte wenden". Sollte das nicht möglich sein, werden sich negative Gefühle einstellen. Das passiert im Alltag relativ häufig, weil du mit Menschen unterwegs bist, die andere Werte haben als du.

Ein Beispiel:
Mein wichtigster Wert ist Ehrlichkeit. Ich gebe mir große Mühe, anderen Menschen gegenüber ehrlich und für sie verlässlich zu sein. Wenn ich merke, dass andere Menschen mich anlügen, werde ich sehr ärgerlich. Es fällt mir schwer zu vertrauen, wenn ich einmal angelogen wurde.

Mir begegnen oft Menschen, für die eine „kleine Notlüge" ganz normal ist, wenn es „der Sache dient". Eine andere Version von mangelnder Ehrlichkeit ist die, „nicht alles" zu sagen. In meinem Alltag treffe ich oft auf Menschen, die andere Wertvorstellungen haben als ich. Die Basis für einen Wertekonflikt ist gelegt. Ich habe selbstverständlich nicht das Recht, die Werte anderer Menschen anzugreifen, aber wie kann ich trotzdem meine Werte leben? Kommt dir diese Situation bekannt vor? Wenn ja, hast du eine Strategie für eine Konfliktlösung?

Strategisches Denken hilft auf jeden Fall. Entscheide dich, ob dir die Situation einen Konflikt wert ist. Wenn ich in ein Modegeschäft gehe und feststelle, dass die Verkäuferin mehr an ihrem Umsatz interessiert ist als an einer guten Beratung, mache ich auf dem Absatz kehrt und gehe. Genauso verhalte ich mich, wenn ein Chef mich freundlich bedient, aber seine Mitarbeiter unfreundlich durch den Laden treibt. Dann plane ich meine Flucht, sage „Danke“ und verschwinde. Im besten Fall mit einem Lächeln auf dem Gesicht.

Auch beim Thema „Teamleitung“, das mir sehr wichtig ist, spielt die Ehrlichkeit eine Rolle. Für Teamgründungen nehme ich mir Zeit, um mit meinen Kollegen darüber zu reden, wie ich mit dem Thema „Wahrheit“ umgehe. Diese Wahrheit darf das Team von mir einfordern und ich erwarte sie auch von jedem anderen. Das bedeutet nicht, dass ich alle Informationen weitergebe, aber ich sage, wenn ich über Einzelheiten nicht reden darf.

Selbstverständlich frage ich in der Zusammenarbeit nach den Werten meiner Kollegen und höre auf ihre Vorschläge. Dann treffen wir eine Vereinbarung und jeder kann entscheiden, ob er in diesem Team einen Platz haben möchte oder nicht. Wenn dieser Rahmen steht, kann darum herum kreativ und bunt gearbeitet werden.

Genauso entscheide ich, wenn ich in einem Team Mitarbeiterin werden soll oder einen Beratungsauftrag annehme. Mein Navi prüft genau, ob ich dem Leiter oder Auftraggeber beim Thema Ehrlichkeit vertrauen kann. Hier mache ich keine Kompromisse. Als Freiberuflerin ist das nicht immer einfach. Besonders dann, wenn das Konto sich über einen Auftrag freuen würde. Dennoch weiß ich, dass ich draufzahle, wenn ich gegen meine Werte arbeite. Das wird auf andere Art teuer.

Übrigens bedeutet es nicht viel, groß über Werte zu reden oder Werte zu haben. Sie haben erst Bedeutung, wenn sie erkennbar und deutlich für andere gelebt werden. Das gilt besonders für Organisationen, die ihre Leitbilder veröffentlichen. Sie werden an ihrem Handeln gemessen und nicht an ihren Worten.

Werte erkennen – Verantwortung übernehmen

Erfolgreiche Menschen nutzen ihre Werte als Grundlage für ihre Entscheidungen und Aktivitäten. Sie legen den Werterahmen fest und haben ein sicheres Navigationssystem in Krisenzeiten oder Lebensentscheidungen. Deine persönlichen Werte werden sich wahrscheinlich nicht ändern, aber sie haben in verschiedenen Lebensabschnitten mal mehr, mal weniger Bedeutung.

Die folgende Übung soll dir helfen, deinen eigenen Werten auf den Grund zu gehen. Diese Erkenntnisse schaffen Klarheit und halten wahrscheinlich einige Aha-Erlebnisse bereit.

P *Praxis:* ERKENNE DEINE WERTE

Lies in aller Ruhe das Werte-ABC. Die Liste hat keinen Anspruch auf Vollständigkeit und kann ganz nach deinen Wünschen ergänzt werden. Entscheide dich nach Lust und Laune für zwölf Werte (siehe S. 92). Es spielt keine Rolle, ob es ein paar mehr oder weniger Werte sind. Lass deine Spontaneität fließen und entscheide aus dem Bauch heraus. Wähle Begriffe aus, von denen du das *Gefühl* hast, dass sie für dich eine Bedeutung haben.

Werte-ABC

Abwechslung
Aktivität
Akzeptanz
Anerkennung
Aufrichtigkeit
Aufmerksamkeit
Austausch
Authentisch sein
Autonomie

Balance von
- Arbeit und Freizeit
- geben und nehmen
- sprechen und zuhören
- aktiv sein und ausruhen

Beständigkeit
Bewegung
Bewusstheit
Bildung

Charakterstärke
Charme

Dankbarkeit
Demut
Dienstbereitschaft
Disziplin
Durchhaltevermögen

Effektivität
Ehrlichkeit
Eigenständigkeit
Einfachheit
Einfühlsamkeit
Einigkeit
Elan
Eleganz
Empfindsamkeit
Engagement
Enthaltsamkeit
Entspannung
Entwicklung
Erfolg
Erfülltheit
Erkenntlichkeit
ernst genommen werden

Fairness
Familiensinn
Fantasie
Feiern
Feinfühligkeit
Fleiß

Flexibilität
Freigebigkeit
Freiheit
Freude
freundlicher Umgang
Freundschaft
Frieden
Führungsqualitäten
Fürsorge

Gastfreundschaft
Geborgenheit
gehört werden
gesehen werden
Gelassenheit
Gemeinschaftssinn
Gemütsruhe
genießen
Genügsamkeit
Geschicklichkeit
Geschmack
Gesundheit
Glaube
Glaubwürdigkeit
Gleichwertigkeit
Großzügigkeit
Gründlichkeit
Güte

Harmonie
Herausforderung
Hilfsbereitschaft
Hingabe
Hoffnung
Höflichkeit
Humor

Idealismus
Identität
Individualität
Initiative
innerer Friede
Innovation
Inspiration
Integrität
Intelligenz
Intuition

Kompetenz
Konfliktfähigkeit
Kongruenz
Konkurrenz
Kontakt
Kontrolle
Konzentration
Kraft
Kreativität
Kritikfähigkeit

Lebenserhalt
Lebensfreude
Leidenschaft
Leistung
Liebe
Logik
Loyalität

Macht
Menschen-
liebe
Menschlich-
keit
Miteinander
Mitgefühl
mitgestalten
Muße
Mut

Nachgiebigkeit
Nähe
Natur
Natürlichkeit
Neugier

Objektivität
Offenheit
Optimismus
Ordnung
Originalität

partnerschaftlicher
Umgang
Pflichtgefühl
Privatsphäre
Produktivität
Professionalität
Pünktlichkeit

Rationalität
Raum für persönlichen
Ausdruck
Reichtum
Reife
Respekt
Risiko
Rücksichtnahme
Ruhe
Ruhm

Sachlichkeit
Sanftheit
Schönheit
Schutz
Selbstachtung
Selbstbeherrschung
Selbstbestimmung
Selbstbewusstsein
Selbstrespekt
Selbstverantwortung
Selbstvertrauen

Selbstverwirklichung
Sicherheit
Sinn
soziales Engagement
Spiritualität
Stärke
Stillschweigen
Struktur

Takt
Talent
Tapferkeit
Tiefe
Toleranz
Treue

Umweltbewusstsein
Umweltschutz
Unabhängigkeit
Ungezwungenheit
Unkompliziertheit
Unterstützung
Unvoreingenommenheit

Verantwortlichkeit
Verbundenheit
Vergebung
Vergnügen
Verlässlichkeit
Vernunft
Verständigung
Verständnis
Vertrauen
Vielfalt
vorwärts kommen

wahrgenommen werden
Wärme
Weisheit
Weitblick
Wertschätzung
Willensstärke
wirtschaftliche Sicherheit
Wissen
wissen, woran man ist
Würde

Zeit effektiv nutzen
Zeit sinnvoll nutzen
Zentriertheit
Zielstrebigkeit
Zufriedenheit
Zugehörigkeit
Zuversicht

Deine Werteliste

Notiere deine Auswahl und trage sie in die Liste unten ein.

Nimm im nächsten Schritt eine Bewertung vor. Entscheide wieder mit dem Gefühl und ganz spontan. Das müsste fix gehen, weil du Begriffe bewertest, die du selber gewählt hast und die dich auf die Spur deiner Grundwerte bringen.

Gib deinen Werten Noten:
1 = extrem wichtig
2 = wichtig
3 = hin und wieder wichtig
4 = im Moment nicht so wichtig

Das ist mir wertvoll	1	2	3	4
1				
2				
3				
4				
5				
6				
7				
8				
9				
10				
11				
12				

Kleiner Zwischenstopp

Denke jetzt mal an wichtige Entscheidungen im vergangenen Jahr und überlege, welcher Wert dich zu dieser Entscheidung bewegt hat. Hole dir Erlebnisse in Erinnerung, bei denen du nach deinen Werten gelebt und gehandelt hast.

Wie hast du dich gefühlt?

Würdest du dich heute noch einmal so entscheiden?

Meine wichtigsten Werte

Nach diesem kleinen Zwischenstopp bitte ich dich, deine Liste noch einmal zu reduzieren. Entscheide dich für sechs Werte, die für dich oberste Priorität haben.

Welche Werte möchtest du unbedingt umsetzen? Nimm keine Rücksicht darauf, was andere zu deinen Gedanken sagen. Manchmal ist die Gefahr groß, Werte zu übernehmen, die unter Freunden eine große Akzeptanz haben.

Meine wichtigsten Werte
1
2
3
4
5
6

Nutze diesen Werterahmen für alle wichtigen Entscheidungen. Hier unterscheidet sich, ob du gut und viel reden kannst oder ob du zuverlässig und authentisch deine Persönlichkeit lebst. Besonders in Krisensituationen wirst du feststellen, ob der Rahmen trägt.

Welcher Wert soll besondere Bedeutung haben?

In welchen Situationen kannst du deine Erkenntnisse umsetzen?

Was wirst du genau tun?

Lebenssinn im Alltagswahnsinn – Wert-voll leben

Das Leben erfindet sich jeden Tag neu. Heute dezent, morgen bunt. Im Ruhrgebiet heißt das „Strukturwandel“. Dieser vorgegebene Wandel kann eine Krise auslösen.

Meine Strategie für diese Herausforderungen: In überwältigenden und chaotischen Situationen halte ich an, schicke ein Gebet zum Himmel und frage Gott um Rat und Wegweisung. Im Gebet und in der Stille spüre ich Gottes liebevolle Zuwendung und sein bedingungsloses Ja zu mir. Mein Glaube trägt mich, wenn alles schiefzulaufen scheint.

Das war viele Jahre in meinem Leben nicht so und hat sich Gott sei Dank geändert. Ich kann gar nicht sagen, wie oft ich in meinem Leben Sätze gehört habe wie: „Du sollst …“, „Du musst …“, „In deiner Position kann man nicht …“, „Was sollen denn die Leute denken?“, „Bei uns geht so was nicht“, „Das machen wir anders“ oder auch „Ein verantwortungsbewusster Mensch würde niemals …“ Stolz bin ich nicht darauf, aber mein kirchliches und soziales Engagement begann aus reinem Pflichtgefühl. Manchmal hat mich auch die Angst vor Autoritätspersonen getrieben oder das Gefühl, nicht gut genug zu sein. In meiner religiösen Prägung gehörten die Begriffe „Demut“, „Disziplin“ und „Gottesfurcht“ zum Standardvokabular. Freude und Spaß gab es selten und die Frage nach dem Sinn des Ganzen konnte ich für mich nicht beantworten.

Den Weg der gehorsamen und angepassten Christin wollte ich irgendwann unter keinen Umständen weitergehen und habe die Entscheidung getroffen, Antworten auf die Frage nach meinem Wert und meiner Identität zu suchen. Zunächst durfte ich erkennen, dass ich für meinen Selbstbetrug auch selber verantwortlich war. Das bewahrte mich davor, die Schuld anderen zuzuschieben. Dann habe ich mir erlaubt, meinen Glauben jenseits von Moral zu überprüfen. Dafür habe ich Zeitnischen ohne Verpflichtung gesucht. Ich lerne heute noch jeden Tag, dass nicht immer alles einen Zweck erfüllen muss. Immer wieder folge ich noch meinen alten Mustern, etwas leisten zu müssen. Dieses hartnäckige Muster nehme ich an, ohne mich dafür zu verurteilen. Es gelingt mir immer mehr, darüber zu lächeln, und ich hoffe sehr, dass die Muster eines Tages verschwinden.

Im nächsten Schritt durfte ich erkennen, dass engagierte Nächstenliebe möglich ist, wenn ich mich auch selber lieben kann. Aber wer bringt mir Selbstliebe bei? Wie funktioniert Liebe ohne Furcht oder Angst? Früher oder später habe ich gemerkt, dass ich für dieses Thema etwas brauche, was in meinem Charakterprofil kaum vorhanden ist: Geduld!

Mittlerweile akzeptiere ich, dass Selbstliebe oder Selbstannahme für mich ein lebenslanger Prozess sein wird. Ich nehme weder für mich in Anspruch, den richtigen Weg schon gefunden zu haben, noch kenne ich die richtige Formel für gelungenes Leben. Heute verzichte ich mit Freude auf die Ratschläge von „Ich-weiß-wo-es-langgeht"-Ratgebern und falle gerne mal aus dem Rahmen. Ich lebe aus der inneren Haltung, dass ich etwas tue, weil ich es freiwillig möchte und nicht, weil irgendeine Autoritätsperson etwas von mir erwartet.

Ein Bibelwort lässt meine Gedanken von Dankbarkeit durchdringen und führt mich zur Ruhe, wenn Selbstzweifel groß werden. Es steht in Psalm 139,13: *„Gott hat mich geschaffen mit Leib und Geist, mich zusammengefügt im Schoß meiner Mutter. Dafür danke ich dir, es erfüllt mich mit Ehrfurcht. An mir selber erkenne ich: Alle deine Taten sind Wunder!"* Hier wird gesagt, dass ich ein Wunder bin. Und nicht nur ich – dieser Vers gilt für dich und jeden Menschen, der auf dieser Erde lebt. Wir alle sind ein vollständiger Cocktail aus Begabungen und Fähigkeiten. Kaum zu glauben. Und trotzdem nicht weniger wahr.

Ich freue mich jeden Tag darüber, dass ich von göttlicher Meisterhand geschaffen und geliebt bin. Vor mir liegen Wege, die Gott mit mir geht. Auf diesem Weg darf ich lernen, Gott zu vertrauen und nach seinem Willen zu leben. Das führt mich zu drei Erkenntnissen, die mir jeden Tag helfen:

1. Ich weiß, dass ich für Gott „wertvoll“ bin, und akzeptiere das. Ich muss diesen Wert nicht fortlaufend beweisen. Diese grundsätzliche Annahme macht mich fähig, Kritik anzunehmen, ohne zurückzuschlagen.
2. Dieses Angenommensein macht mich fähig, auch andere Menschen anzunehmen. Die Bibel nennt das Nächstenliebe, die vor Manipulation bewahrt.
3. Ich habe keine Zukunftsängste. Die meisten Situationen, die meine Gedanken blockieren, sind heute noch nicht dran, sondern erst morgen oder übermorgen. Ich setze meine Kraft und Energie zur Gestaltung der Gegenwart ein.

Mein großes Vorbild ist Jesus. Er ging völlig unbefangen mit Werten um, ohne jemals das Wort „Werte“ zu gebrauchen. Er hat Menschen niemals ent-wertet . Er behandelte die Menschen liebevoll, die von der Gesellschaft als wertlos abgestempelt wurden. Er war überall da anzutreffen, wo „anständige“ Menschen niemals hingehen würden.

Faszinierend ist, dass er niemandem seine Werte und Moral aufgezwungen hat. Aber die Menschen fanden seine Werte so faszinierend, dass sie die eigenen gegen seine tauschten.

Ich wünsche dir von Herzen, dass du die Frage nach dem Sinn und den Werten in deinem Leben beantwortest. Viele Menschen haben Erfolg im Beruf und wissen nicht, wie sie ein erfülltes Leben führen können. Ihre Tage sind ge-füllt, aber nicht er-füllt. Stelle dir die Frage: *Was ist für mich wichtig in meinem Leben und welchen Sinn soll mein Leben haben?*

Sinn ist es, der dein Leben zufrieden macht. Er hilft dir, jeden Tag aus dem warmen Bett aufzustehen und deine Aufgaben zu erledigen.

Finde deine Werte, damit du auf Moral verzichten kannst. Erlaube dir Interesse, Mut und Offenheit zum Experimentieren. Und wenn du diesen Weg gefunden hast, wirst du es in deinem Herzen spüren. Da bin ich ganz sicher.

Teil 3: Auf geht's!

Kapitel 7

TÜV – CHECK FÜR EINE GESUNDE BALANCE

Auf meinem Nummernschild gab es ein kleines buntes und rundes Teil mit einem Datum, dass mir regelmäßig ein flaues Gefühl in der Magengegend bescherte: die TÜV-Plakette. Wenn der aufgedruckte Termin immer mehr in die Gegenwart rutschte, wusste ich, dass ich mich möglichst schnell nach olympischem Motto „Dabei sein ist alles" um die begehrte Goldmedaille für Autofahrer bemühen sollte. Ich fuhr mit meinem VW zum TÜV und kam mit einer Mängelliste, die sich gewaschen hatte, zurück. Mir war schon klar, dass die Herren der Hämmer und Prüfgeräte für meine Sicherheit im Straßenverkehr sorgen, aber meinem Geldbeutel drohte mit jedem TÜV-Besuch eine Insolvenz.

Wie gut, dass Wenzel wieder zur Stelle war und meine Eltern mir mit einer Spende halfen. Die Nachkontrolle lief wie am Schnürchen und der begehrte Stempel klebte auf meinem Nummernschild. Freie Fahrt für die nächsten 24 Monate!

Steig ein und fahr los!

Du bist schon weit fortgeschritten auf deinem Weg zum Ziel. Doch jetzt geht es um die Plakette. Deine Ziele sind klar, sie unterstützen deine Vision und du kannst auf unterschiedliche Weise deine Motivation in Gang setzen. Jetzt ist es so weit: Alle Informationen sind da, aber es fehlt noch der wichtigste Schritt in deiner Planung: das *Tun*, also die Umsetzung deiner Ziele in die Praxis. Es reicht nicht, nur zu wissen, was zu tun ist. Jetzt wirst du den Schritt aus der Theorie in die Wirklichkeit wagen.

Das Bild vom TÜV steht dafür, dass du in Bewegung bleibst, wenn unterwegs mal Schwierigkeiten auftauchen. Das ist völlig normal und du befindest dich in bester Gesellschaft, wenn nicht alles wie geschmiert läuft. Triff deine Entscheidung: Wirst du deine Fahrt beginnen und deine Etappenziele ansteuern? Dieser Punkt ist enorm wichtig, weil du das Steuer deines Lebens in der Hand hältst und dafür Verantwortung übernimmst. Entscheide dich, loszufahren. Jetzt. Hier unterscheiden sich brillante Schwätzer von Medaillengewinnern.

Wie lautet deine Route für die nächsten Tage? Jetzt wird deutlich, dass du deine Etappenziele ernst nimmst und mit Entschlossenheit für deine Ziele einstehst. Es kann sein, dass eine Mängelliste auf dich wartet und Korrekturen notwendig werden. Das gehört zur Route. Na los, setz deine Power frei, die in dir steckt. Leg mit Kraft und Ausdauer den Gang ein und fahre los. Wenn du einmal in Fahrt bist, kommt die Motivation von alleine. Es bringt überhaupt nichts, auf den perfekten Zeitpunkt zu warten. Den gibt es nicht.

Die Reihenfolge bringt's – Der Blick für das Wesentliche

Es gibt in dieser Welt eine Sache, die echt gerecht ist. Für jeden Menschen hat der Tag 24 Stunden. Nicht mehr und nicht weniger. Auch für dich. Da die Zeit begrenzt ist und dein Körper ohne Schlaf nicht auskommt, brauchst du ein gutes Gefühl für das *Wichtige*. Puh, das ist ein schwieriges Wort und dahinter steckt die Forderung nach Konsequenz. Sorge dafür, dass die unendlich vielen kleinen Aufgaben dich nicht vom Wichtigen und Wesentlichen abhalten. Deshalb ist es wichtig, dass du deine Ziele gut sichtbar vor Augen hast, wenn du Entscheidungen triffst. Wenn du jetzt sagst: „Das hört sich gut an, aber ...", kann ich das gut verstehen. Um deinen Zielen treu zu bleiben, brauchst du Mut und Charakterstärke.

Experten für Zeitmanagement empfehlen, das Wichtige vom Dringenden zu unterscheiden. Dafür gibt es Modelle, die dir beim Entscheiden helfen. Die möchte ich hier nicht genauer beschreiben, aber du kannst bei Google mal das Wort „Eisenhower-Prinzip", „Alpen-Methode" oder „Pareto-Prinzip" eingeben – dann bekommst du gute Tipps.

Ich werde dir hier ein anderes Bild vorstellen, dass ich bei Vera F. Birkenbihl kennengelernt habe.[3]

---

3 Übernommen aus einem Vortrag von Vera F. Birkenbihl.

Finde den 200-Euro-Schein

Die meisten Menschen stehen morgens auf und beginnen sich zu beschäftigen. Sie überlegen, was der Tag wohl bringen mag und was heute ansteht. Nicht schlecht, aber das sind meistens keine wichtigen Aufgaben, die den Zielen dienen.

Wenn du deine Vision vor deinem Tod erreichen möchtest, musst du umgekehrt vorgehen. *Du* entscheidest, was für dich wichtig ist, und stellst diese Aufgaben vor die Kleinigkeiten des Alltags. Natürlich funktioniert das für eine Tagesplanung nicht gut, deshalb empfehle ich dir, immer erst eine ganze Woche zu planen, bevor du in die Tagesplanung schaust. Die Wochenplanung ist wie ein Moderator, der deine Vision mit dem Tagesgeschäft verbindet.

Ich überlege mir meistens am Wochenende, welche Schritte in meinen unterschiedlichen Lebensrollen nötig sind, und plane die einzelnen Tage. Auch als meine Kinder noch klein waren, habe ich versucht, eine Planung für die Woche vorzunehmen. Die Lebensrolle „Mutter" musste ich angemessen berücksichtigen und nicht immer hat es mir gefallen, dass sich mein Spielraum deutlich verringert hat. Aber auch mit kleinen Kindern war es mit guter Planung möglich, Wichtiges zu erledigen.

Praxis: DEIN PERSÖNLICHER 200-EURO-SCHEIN

Oft entscheiden Kleinigkeiten über Erfolg und Misserfolg. Deshalb brauchst du einen Blick fürs Wesentliche. Konzentriere dich auf wenige Ziele, dann können Zeitdiebe dir gestohlen bleiben. Diese Übung hilft dir, achtsam mit deinen Zielen umzugehen und das rechte Maß für jeden Tag zu finden. Je konsequenter du diese Übung durchführst, desto geringer wird dein Aufwand. Nutze die Chance am Tagesanfang und nimm dir jeden Tag fünf Minuten Zeit.

Jeden Morgen kannst du dir vor dem Aufstehen Folgendes vorstellen:

Wenn du in die Küche kommst, liegen auf dem Tisch Hunderte von 5-Euro-Scheinen und nur ein gut sichtbarer 200-Euro-Schein. Du darfst alle Geldscheine behalten, die du in einer Sekunde greifen kannst. Wo greifst du hin? Keine falsche Bescheidenheit.

Ich bin mir sicher, dass du den 200-Euro-Schein ins Visier nimmst. Oder täusche ich mich?

Und jetzt überträgst du diese Idee auf deinen Alltag. Die 5-Euro-Scheine stehen für dringende Aufgaben und der 200-Euro-Schein ist die wirklich *wichtige* Aufgabe, die deinem Ziel dient, das du bereits formuliert hast. Meistens sind die 5-Euro-Scheine attraktiver und lenken dich vom Wesentlichen ab. Sie stehen auch für die Macht der Gewohnheit. Es kann sein, dass der 200-Euro-Schein anstrengender ist und etwas von dir fordert, wozu du keine Lust hast. Dennoch – er bringt dich deinen Zielen näher und du musst dich entscheiden, ob du ihn ergreifen willst. Hole Schwung und kümmere dich darum, dass deine wichtigste Aufgabe vor allen anderen steht.

Wenn es dir an Tatkraft mangelt, sorge dafür, dass ein Freund oder Mentor dich an deinen 200-Euro-Schein erinnert. Erst wenn du deinen 200-Euro-Schein geplant hast, überlege dir die Prioritäten für die 5-Euro-Scheine.

Gib dein Bestes und springe mit deinen Emotionen in die Zukunft. Stelle dir schon morgens im Bett vor, wie es dir geht, wenn du deine wichtigste Tagesaufgabe erledigt hast.

Erlaube dir diese Zeit und verzichte darauf, einfach loszulegen. Eine gute Reihenfolge schenkt dir Pausen, weil du überlegt und durchdacht in den Tag startest.

Erholung muss sein – Ausflug ins Glück

Jede Fahrt kostet Energie. Wenn du mit Vollgas und ungebremst die nächsten Ziele ansteuerst, ist es wichtig, hin und wieder den Fuß vom Gaspedal zu nehmen und zu entspannen. Verarbeite jedes Erfolgserlebnis mit einer Erholungspause und schalte einen Gang zurück. Nimm dir Zeit und lass die Seele baumeln. Gönne dir ein interessantes Hobby oder sei einfach mal faul. Sicher hast du schon gute Ideen. Du kannst meditieren, Tagebuch schreiben, Sport treiben, ins Kino gehen, faul im Bett liegen oder ... Lass dich treiben. Erlaubt ist alles, was dir guttut. Der Rest kann warten.

Wenn der Tank voll ist und die Batterien aufgeladen sind, geht es mit Vollgas auf die nächste Etappe. Ergreife die Initiative, orientiere dich an deiner Vision und nimm den nächsten 200-Euro-Schein in Angriff.

Freie Fahrt!

Du bist am Ziel und hast alle Informationen gesammelt, die für eine erfolgreiche und authentische Lebensreise nötig sind. Und das, was du daraus machst, liegt in deiner Hand. Steig ein, schnall dich an und freue dich auf das Abenteuer deines Lebens. Lebe und liebe deine Stärken. Vertraue deiner Intuition und sie wird dich Schritt für Schritt zu deinen Zielen führen. Zeige dich, werde sichtbar und sorge dafür, dass die Welt durch dich ein kleines bisschen besser wird.

Ich wünsche dir von Herzen die Lebenskunst zwischen Muss und Muße und immer ein Lächeln auf den Lippen. Möge Gott deine Schritte segnen und deine Gedanken leiten.

Wenn du mir deine Erfahrungen mitteilen möchtest oder Anregungen zu diesem Buch hast, freue ich mich, wenn du mir eine E-Mail schreibst an info@monikabylitza.de oder meine Website www.monikabylitza.de besuchst.

Zum Weiterlesen

Mit diesen Büchern kannst du tiefer ins Thema einsteigen oder nachlesen, wie andere Menschen neue Schritte gewagt haben:

- Stephen Cottrell: Tu nichts und ändere dein Leben! Der Abschied vom Leistungsdruck. Neukirchener Aussaat, Neukirchen-Vlyun 2010.
- Claudia Filker (Hrsg.): Mit dem Wind im Rücken. Mutmachgeschichten für Frauen. Neukirchener Aussaat, Neukirchen-Vlyun ^{6}2010.
- Gundula Gause / Rainer Wälde: Landkarten des Lebens. Wie wir werden, was wir sind. Adeo, Asslar 2012.
- Axel Kühner: Überlebensgeschichten für jeden Tag. Neukirchener Aussaat, Neukirchen-Vlyun ^{19}2012.
- Gordon McDonald: Ordne dein Leben. Perspektiven für den Umgang mit dem Leben und der Zeit. Gerth Medien, Asslar 2009.

Hier findest du professionelle Coaches und wertschätzende Unterstützer für deine Ziele:

- **www.lead222.eu** – ein internationales Coaching- und Mentoringnetzwerk für Leiter in der Jugendarbeit
- **www.coach-media.de** – vermittelt Coaches in deiner Nähe

- **www.c-mentoring.net** – das christliche Mentoring-Netzwerk